PLATE X
[Morocco
SKETCH MAP
of
AFRICA.
EUROPE
Rome
Constantinople
Wild Boar
Lion
Jerusalem
NILE
S. Limit of Camel
S. Elephant & Rhinoceros
Hyena
Mecca
ARABIA
Suakin
Berber
Massowah
Khartoum
SOUDAN
Gorilla
Chimpanze
Heart of
Slave
Trade
Hippopotamus
Giraffe
Antelopes
Livingstone
died
"Ladies Beware!"
MEDITERRANEAN
ALGIERS
C. Palos
Cagliari
C. Carbonara
Spartivento
Ustica
C. di Gallo
G. of Castellamare
C. S. Vito
Trapani
Favignana
E.A.WRIGHT BANK NOTE CO. PHILA.

LA CARTE TATOUÉE

O C E A
Gibraltar
STR. OF GIBRALTAR
Tangier
Ceuta
C. Spartel
Castilloso
Hindalia
C. Negro
Arzilla
Tetuan
C. Mazari
R. Sahel
El Araiche
Alcantra
Tagasca
Kasir Kabir
Pescadores
Al Kazar
Mostaza
Penon
Al Buzema
Mehilla
Resiffa
C. Baba
C. Nuevo
Bocaya
C. Calada
Cala Nufi
Zera
C. Tres Forcas
Mamora
El Kos
Wasen
Rif
Naranga
Garet
El Hoom
L. Murja
R. Etzagen
R. Necor
Hiaina
M. Teuzin
R. Bahr
Mehedia
Ruins
Basra
R. Seboo
Muley Idris
Garsis
Sallee
Beni
Robat
Mequinez
R. Leven
Tenes
Mansoria R.
Sherwidi R.
Shella
FEZ
Teza
Daral Beida
Massa
Shulan
Mediona
R. Regreg
Lemure
Shelle
Soforo
Dublu
Fidallah
R. Wieroo
Ougan al
Assan
Douboutou
Al Krim
Temsena
Noukhaila
Morshana
Guigo
Azarfa
Souberit
Kaisar
El Guim
R. Mahala
Bereber
Terga
Adendoun
Guer
El Eksebi
Shawia
Ain
Zeland
Beni Beseri
Meshra
Halluf
Tedla
Tyjjet
Morbeya
Maiat
Kassabi
Shurefa
Quassum
R.
Al Cala
Kars
Aebisak
Kasir
Tamaroc
Tregegit
Tagodast
Zehbel
Shargna
Smira
Eyarae
Tsalin
Gastir
Davara
R. Togdat
R. Ziz
R. Ghir
Biza
Timillin
Marca
R. Tafilet
MAROCCO
Afile
Bengali
Kasr Abdal
lah
Tasremoot
Gourland
Segelmesa
TAFILET
Miltsin
Kasr Maman

LA CARTE TATOUÉE

BARBARA HODGSON

Le Pré aux Clercs

Traduit de l'américain par Sylvaine Charlet
Titre original : THE TATTOOED MAP

Maquette de couverture et intérieure : Byzantium Book
Photos de couverture : Barbara Hodgson

ISBN : 2-84228-028-8
Numéro d'éditeur : 31

Impression et reliure :
Pollina s.a., 85400 Luçon - n° 72586

L'auteur remercie les personnes suivantes pour leur aimable collaboration lors de l'élaboration de ce livre : mes amis de Fès, M'hammedi Alaoui M'hammed, pour ses traductions de l'arabe, et Berrada Abderrahman ; Janine Giovannangeli, qui s'est chargée des traductions du français ; Karen Elizabeth Gordon, Jeff Campbell, Andrea Hirsh, Sarah Bolles, Karen Silver, Nick Bantock, Annie Barrows et David Gay.

À DAVID

L-AP 467073
C-AQ 624721
(le 27 mars)

HB.902-856 ~~59~~ 5/04
~~60~~ "
~~61~~ 8/04
~~62~~ 9/04
~~63~~ "
~~64~~ "
~~65~~ "
~~66~~ 16/4
~~67~~ "
~~68~~ "
~~69~~ 01/5
RC 506 743. ~~28~~ "
29
30
31
32
33
34
35
36
37
38
39

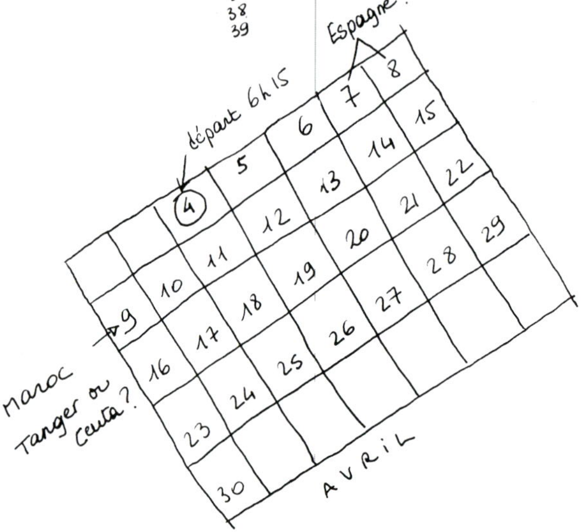

- Livres (prévoir lexique pour l'avion)
- Cartes (jeu complet)
- Répertoire
- Argent/Traveler chèques
- Passeports
- Dentifrice
- Réveil
- ~~Argent~~
- Tube de colle
- Lexique Espagnol/Arabe
- Pellicule - 120/35 mm

4 avril. Dans l'avion

Me voilà une fois encore embarquée dans une aventure qui, je l'espère, sera aussi passionnante que les précédentes. Je ne pars pas seule, mais je doute que mon compagnon partage la même excitation que moi. Christopher et moi avons si souvent bourlingué ensemble que j'éprouve la sensation d'avoir déjà fait avec lui le tour de la planète.

Avant chaque départ, je me livre toujours à de minutieuses recherches afin de tout organiser. Généralement, j'y pense longtemps à l'avance. Toute gamine déjà, je piaffais d'impatience de m'en aller découvrir le monde. J'en ai passé, des heures, le nez dans les atlas, à mémoriser les noms de villes légendaires qui résonnaient d'une manière exotique à mes oreilles – Addis-Abeba, Samarkand, Damas !.. J'établissais des listes interminables de tout ce dont j'aurais besoin pour entreprendre ces expéditions lointaines : trois paires de chaussettes, deux stylos, des piles de rechange, de la ficelle…

Quand j'y pense, c'est comme si, depuis cette époque, je ne revenais que pour mieux repartir ; je fais même des projets de départ avant d'être seulement revenue de ma virée précédente ! Ma vie n'est qu'une longue suite de destinations qui forment comme un vol long-courrier ininterrompu. J'aime vadrouiller – voir, entendre, sentir, toucher quelque chose de différent chaque seconde de chaque nouvelle journée.

Je veux tout savoir des pays où je me rends. Chris, lui, se contente d'être là. Certes, il est curieux et cultivé, et il s'adapte partout, mais il demeure indifférent aux détails. Il est probable que c'est cette

Mme Connolly
(Siège 17 C aile de cabine)
68 Draycott Ave.
Londres SW3

Chris.	Lydia
4	8
16	12
20	16
34	22
40	27
42	35
48	41
54	~~45~~
60	52
72	60
89	64
91	70
94	78
100	85
110	92
114	94
120	102
	112

Dans magazine trouvé dans la salle des départs.

Sièges n° 17A / 17B pas mal situés mais trop serrés !

Hôtesse : Betsy Wilson 126 Duvernet, Toronto. Elle connaît la tante de C, Judith - Lui donner son adresse.

assurance qui m'a d'abord séduite. À présent, elle m'irrite un peu parce qu'elle ressemble à de l'arrogance. Lorsque nous avons commencé à voyager ensemble (il y a de cela plus de onze ans maintenant), nous formions un tandem parfait – le dur labeur (le mien) associé à la confiance élégante (la sienne). Les choses ont changé entre nous (et je sais que secrètement Chris aimerait bien revenir en arrière), mais notre duo fonctionne bien et nous sommes capables de passer beaucoup de temps en compagnie l'un de l'autre.

Moi, j'aime parler avec les gens que nous rencontrons (j'ai passé des heures à étudier de petits manuels de conversation pour pouvoir compter jusqu'à 10 dans des douzaines de langues) ; je sais aussi demander mon chemin ou un renseignement. Christopher, lui, déteste converser avec des étrangers, même dans sa propre langue – dans son plaisir de voyager il exclut tout contact avec les populations locales ! J'ai cessé de me poser des questions sur nos comportements si contrastés, car de toute façon ça lui est égal. Malgré cela, nous nous entendons toujours sur les destinations qui nous font rêver et pour lesquelles nous plions bagages.

Avec les années, nous avons pris un certain rythme. Notre connivence (qui fait des envieux) ne donne lieu à aucune discussion et nous protège comme une armure contre les gens ou les événements qui auraient pu nous opposer. Pour toutes ces raisons, je sais qu'aucun de nous deux n'a seulement songé à partir en voyage avec quelqu'un d'autre.

Je suis si nerveuse que je ne parviens pas à me calmer, même en écrivant ces quelques lignes dans ce journal de bord qui ne me quitte

jamais. Je consigne tout : horaires, numéros des vols et de téléphone, noms et adresses importants, prix et numéros de chambre des hôtels, menus de restaurants, etc. J'inscris aussi les numéros de série de mes chèques de voyage et, je barre ceux que j'ai utilisés ; même chose avec les passeports et leurs dates d'émission au cas où on les perdrait – je sais que cette manie peut paraître ridicule et quelque peu obsessionnelle, mais j'ai à cœur de conserver des traces de ces détails, aussi insignifiants soient-ils.

Cette fois, nous nous embarquons pour un pays que nous ne connaissons pas du tout et dont la langue et les coutumes nous sont complètement étrangères. À l'exception des récits de conquérants coloniaux ou d'aventuriers victoriens, je n'ai pas lu grand-chose. Quant aux romans et à la poésie, ils m'ont en fait laissée entre l'anticipation exaltée et la plus parfaite ignorance. Ce sentiment contradictoire est probablement né de mes pérégrinations antérieures, à la fois plaisantes et sans surprise, dans des contrées désormais familières comme la France, l'Angleterre, les Caraïbes ou la Grèce. Voilà des années que nous projetions de nous rendre dans une partie du monde complètement ignorée de nous. Je ne sais pas ce qui a

Découpé dans le même magazine – Reproduction d'une veille carte.

Chris.	Lydia
4	2
6	10
8	12
12	16
14	21
~~18~~	25
20	27
24	(12) 39
30	44
36	45
40	51
41	52
42	53
48	60
50	64
62	70
(16) 78	72
80	84
84	90
90	93
93	97
96	103
100	104
	110
	118
	124 !

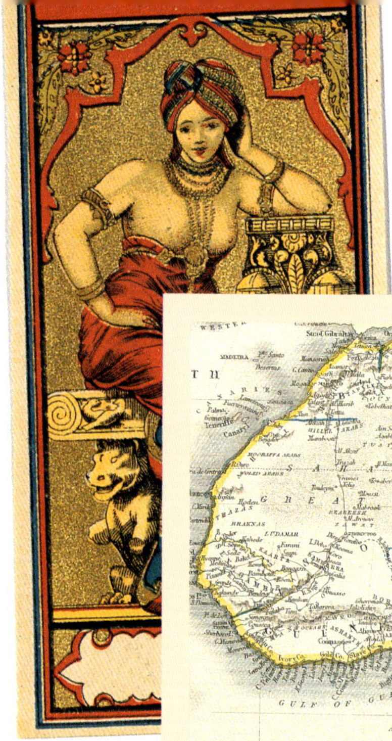

- ~~Am Ex.~~ - Southampton Row
- ~~Faulkners~~ "
- ~~Hôtel à éviter~~ ?
- ~~Charing Cross~~
- Hamblings
- ~~Bay Place~~ fermé

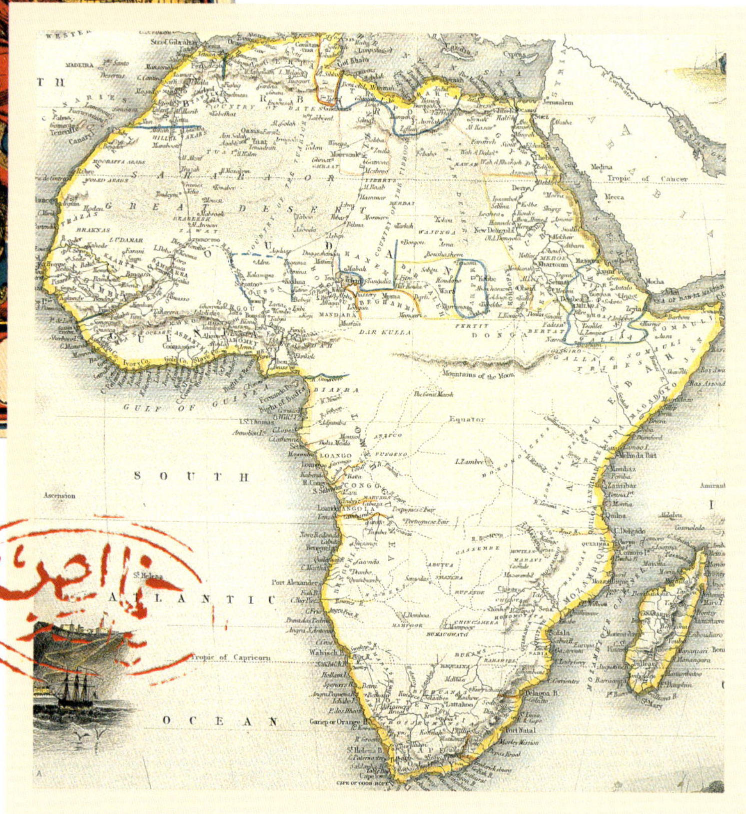

- ~~Stanford's~~
- King's Rd
- Pollock's
- Gray's Market

} une autre fois

présidé à ce choix, mais c'est avec une étrange émotion que m'est venue l'idée du Maroc.

Christopher ne tient jamais de journal et ne s'intéresse guère au mien. J'ai bien essayé de lui faire partager ma passion des guides ou des récits de voyage, mais en vain. J'en ai conclu que sans mes préparatifs, nous serions complètement perdus dans la nature. Malgré cela, Christopher est toujours « prêt », doué d'un sixième sens qui lui permet d'arriver à l'heure et de payer le juste prix. En fait, mes préparatifs exaltés n'ont d'utilité que pour moi seule !

C'est la même chose dans son travail. Il a la chance (Chris est un veinard) d'exercer son métier en voyageant : il achète des antiquités. Il se promène donc avec une liste de meubles, d'objets d'art, de tapis, etc. que ses clients désirent se procurer et il se contente de regarder de-ci de-là. S'il trouve quelque chose d'intéressant, il l'achète et l'expédie. Rares sonr ceux qui refusent une de ses trouvailles ou en discutent le prix. Ils ont confiance en lui. Pour être honnête, je n'ai pas souvent croisé ses clients ; quelques-uns au début, puis je me suis abstenue. Des snobs odieux. Il est vrai que nous avons peu d'amis en commun.

Je suppose que j'ai aussi de la chance avec mes travaux de recherche. Je connais peu de gens qui peuvent boucler leurs valises en un instant et disparaître pendant plusieurs mois. Nous avons d'ailleurs tenté de combiner nos activités – lui en quête d'œuvres d'art et moi d'idées. Mais n'arrivant déjà plus à vivre ensemble, comment aurions-nous pu travailler en commun ?

Son appartement est très agréable – rempli d'objets invendus. Chez moi, c'est plutôt la pagaille, le fouillis, les puces. Il y en a partout. Ça le

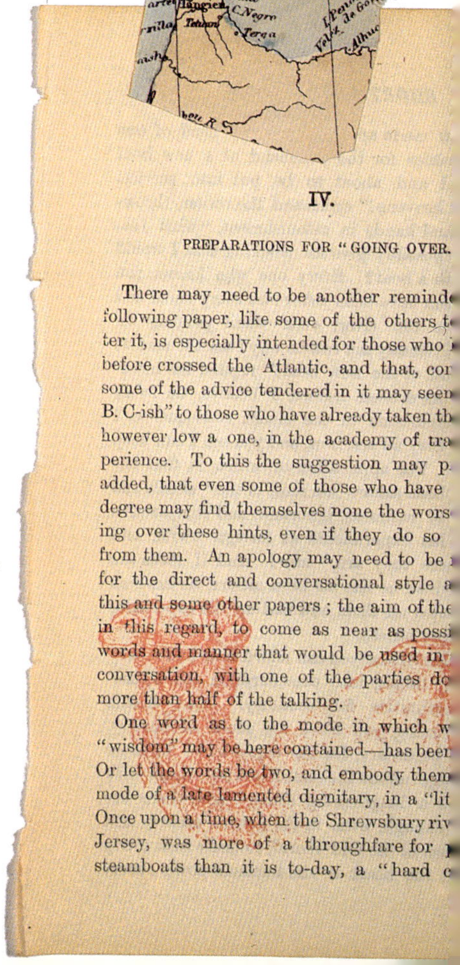
IV.

PREPARATIONS FOR "GOING OVER.

There may need to be another remind
following paper, like some of the others t
ter it, is especially intended for those who
before crossed the Atlantic, and that, co
some of the advice tendered in it may seem
B. C-ish" to those who have already taken th
however low a one, in the academy of tra
perience. To this the suggestion may p
added, that even some of those who have
degree may find themselves none the wors
ing over these hints, even if they do so
from them. An apology may need to be
for the direct and conversational style a
this and some other papers ; the aim of the
in this regard, to come as near as possi
words and manner that would be used in
conversation, with one of the parties do
more than half of the talking.

One word as to the mode in which w
"wisdom" may be here contained—has been
Or let the words be two, and embody them
mode of a late lamented dignitary, in a "lit
Once upon a time, when the Shrewsbury riv
Jersey, was more of a throughfare for
steamboats than it is to-day, a "hard c

* Pellicule n° 1 (100 ASA)
1-6 : Musée Victoria & Albert
7 : Boutique Conran
8-9 : Consulat Italien
11-12 : Taxi
Nom du chauffeur : Arnie Simpson

sidère, d'ailleurs. Mais nos différences donnent du piquant à nos relations. Avec lui, on va s'asseoir dans les arrière-salles sombres et odorantes des magasins d'antiquités pour y boire un thé et converser à voix basse sur des pièces rares ; avec moi, on arpente les rues et on collectionne les sachets de sucre des bars, le menu des restaurants, les vieilles additions et les pochettes d'allumettes. Après toutes ces années, je ne suis sûre que d'une chose concernant Chris : il adore chiner, même s'il ne déniche qu'un vieux pot de chambre, ou même rien du tout. Moi, c'est pareil : je m'en fiche. C'est certainement pourquoi il aime tant voyager avec moi.

Pour nous, voyager ne présente pas de difficultés majeures. Nous présentons des passeports canadiens, donc issus d'un pays occidental neutre ; notre religion, lorsque ce détail nous est demandé, n'offense personne. Nous avons suffisamment d'argent sur nous pour amadouer le douanier le plus rébarbatif et nos billets d'avion sont toujours des allers-retours.

Notre itinéraire prévoit de nous emmener seulement jusqu'au Maroc. Mais comme nous disposons de six mois, rien ne nous empêche, en fin de séjour, de traverser le Maghreb et de revenir par l'Europe. Qui partirait ainsi pour un voyage de six mois sans avoir établi d'itinéraire ? ! On verra bien sur place – de toute

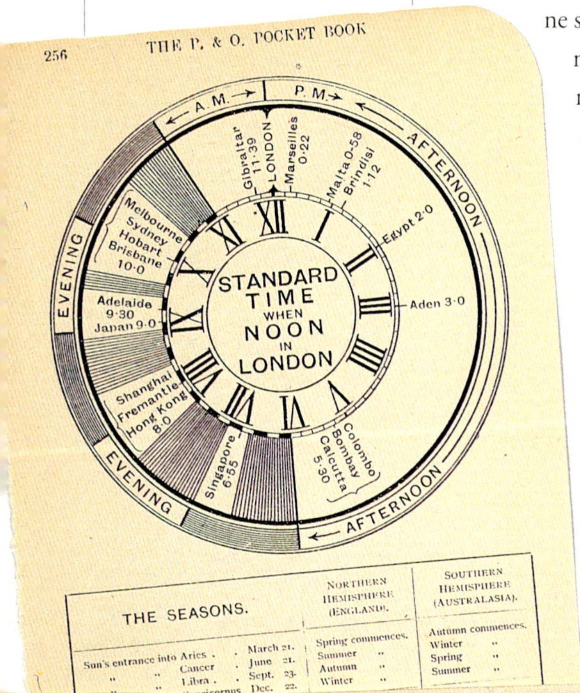
256 THE P. & O. POCKET BOOK

THE SEASONS.		Northern Hemisphere (England).	Southern Hemisphere (Australasia).
Sun's entrance into Aries	March 21.	Spring commences.	Autumn commences.
" " Cancer	June 21.	Summer "	Winter "
" " Libra	Sept. 23.	Autumn "	Spring "
" " Capricornus	Dec. 22.	Winter "	Summer "

B 9984
MUDIE'S SELECT LIBRARY, 30-34, NEW OXFORD ST.,
(LIMITED).
LONDON, WC.1

Books sold by

£	s.	d.	£	s.	d.

DATE

façon Chris a des listes d'achat pour tous les pays du globe, et moi, j'adore vagabonder. Si cela ne tenait qu'à moi, je passerais ma vie entière sur les routes.

Nous devons atterrir à Londres vers midi. J'espère que nous trouverons vite un car pas trop cher pour l'Espagne. Ah ! Je me rappelle : ne plus *jamais* monter dans l'avion d'une compagnie espagnole. Mon Dieu ! Quelle angoisse, ces coucous ! Si j'étais eux, j'empilerais les sièges les uns sur les autres !

5 avril. Londres
À l'hôtel – le Rex Hotel, près du British Museum. Vivement le sud, ici c'est hors de prix ! Mais ça fait du bien d'être là. La dernière fois que je suis venue à Londres, il n'en finissait pas de bruiner. On vivait dans une lumière perpétuellement crépusculaire. Nous étions descendu à l'hôtel Earl's Court et notre chambre se trouvait à l'entre-sol. Il n'y avait pas de rideaux aux fenêtres et nous avons dû étendre le drap d'un des deux lits pour nous cacher de la lumière du jour. Du coup, on s'est blottis l'un contre l'autre dans le deuxième petit lit aux dimensions monastiques. Le patron de l'hôtel nous a quand même prêté en rechignant une tasse à thé (ébréchée) en guise de verre à dents en nous faisant promettre qu'on ne la lui volerait pas ! Je suis repartie de Londres convaincue que ce qu'il faudrait à cette ville, c'est un autre bombardement, mais intégral celui-là !
Aujourd'hui, la capitale britannique paraît plus vivante, plus lumineuse. J'aimerais rester plus longtemps, au cas où cela ne soit pas possible au retour – mais nous devons vraiment entamer notre

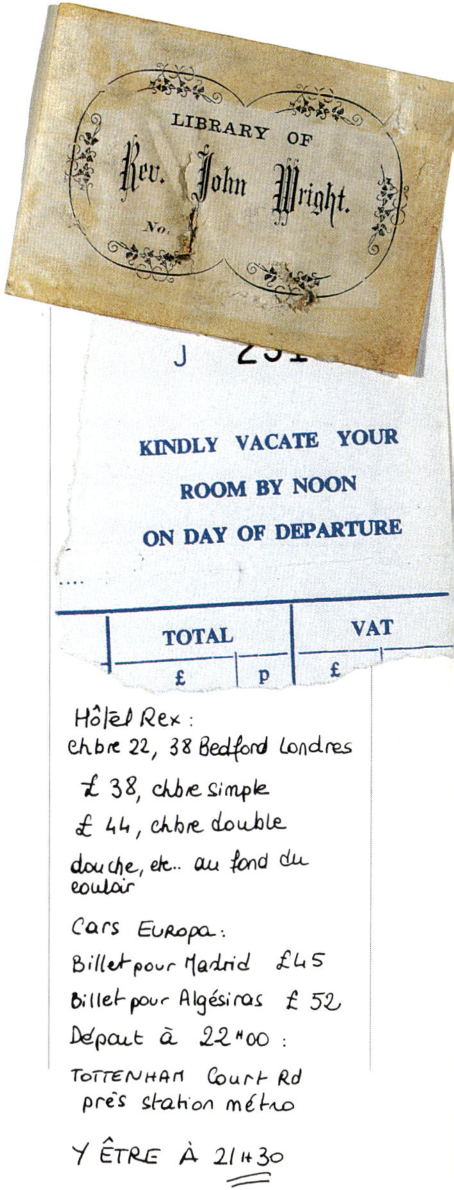

✓ Cecil Court - chercher monnaies anciennes

Puces :

- Portobello
- Ladbroke Grove
- Chaing Cross
- ✓ Camden Passage

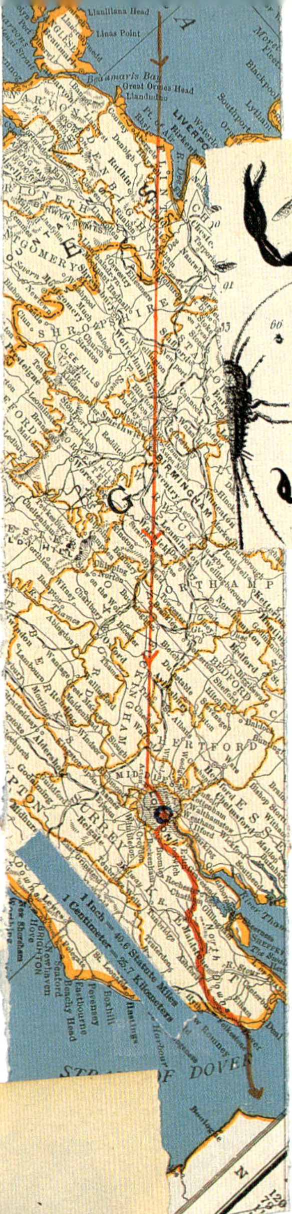

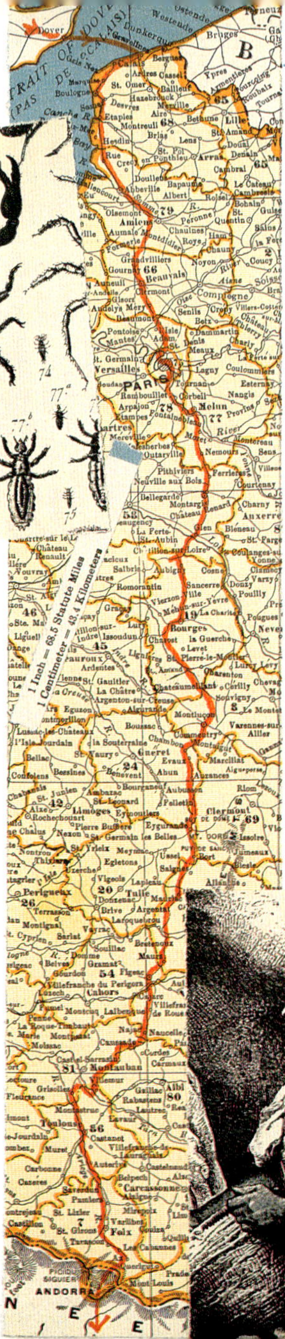

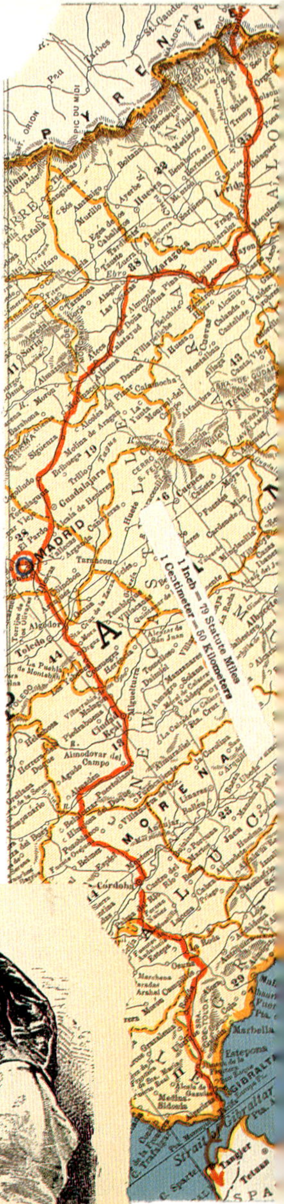

FOR RAMBLERS.

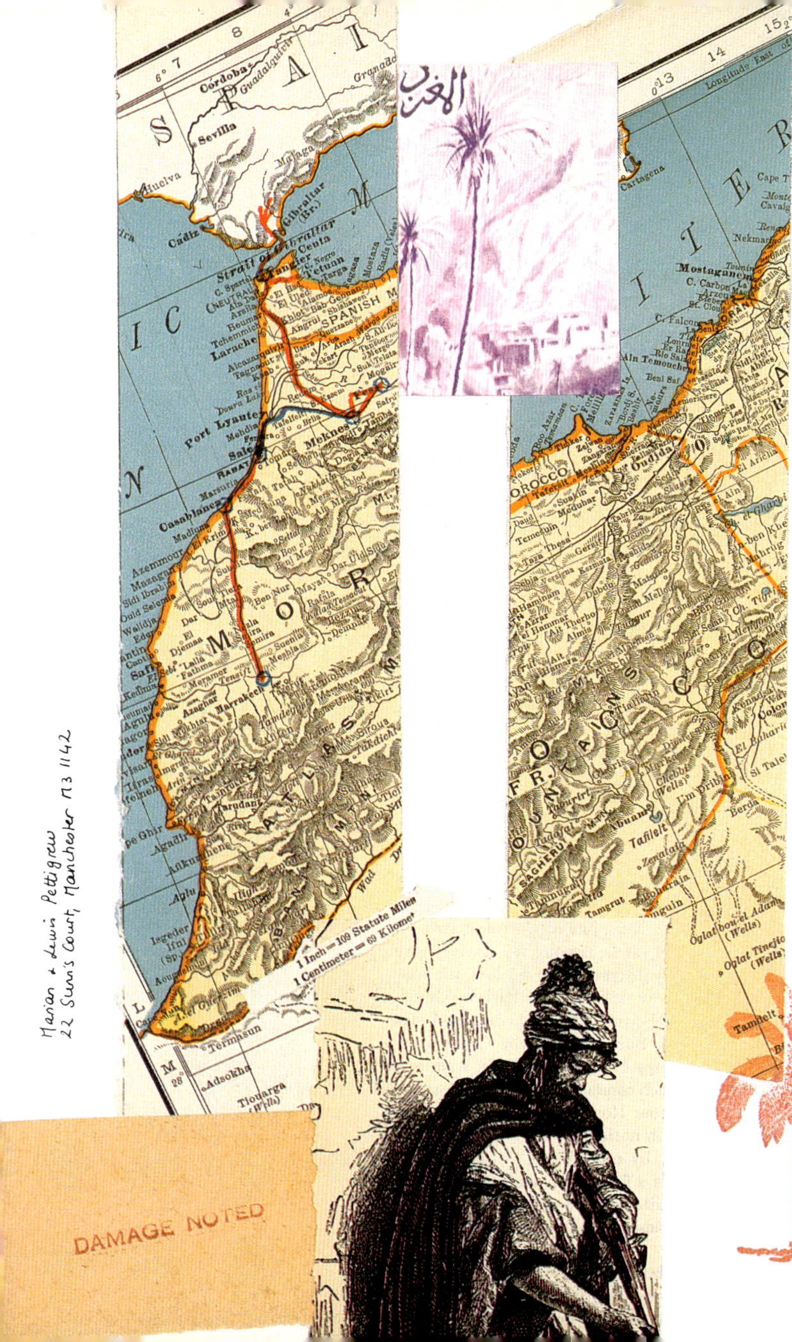

Marian & Lewis Pettigrew
22 Sun's Court, Manchester M3 1142

Trajet Londres - Espagne

• Traversée de la Manche - DE NUIT (0H30 à 5H)

• PARIS - aube - Peu de circulation - Pluie
Passé près de la Tour Eiffel

• Toulouse - Déjeuner tardif
temps couvert

• Traversé Andorre - Le chauffeur a acheté des caisses de pastis et parfum. Ouvert lexique, et nous "Les dames" avons fait des essais - Quelle aventure !

• Saragosse - trop sombre pour dire à quoi ressemble la ville -

• 2H - Madrid - Trop fatiguée pour écrire - On a tourné dans les mêmes rues avec le taxi pour trouver l'hôtel.
Personne n'a dit que l'hôtel n'était pas compris dans le tarif -

Chauffeur du car : Marcel Conti : c/o Cars Europa 162 Tottenham Ct. Rd.
Adresse sur le ticket

3H - Trouvé l'hôtel. Pas assez de place pour tout le monde. On va dormir sur les banquettes du car.

and eggs for Gibraltar are almost always being embarked; the oxen are unceremoniously and cruelly swung on board by ropes attached to their horns. Here, as in the streets, every operation is accompanied by yelling and quarrelling.

The filthiness of the streets is a surprize even to the traveller who has just quitted Spain. The health of the inhabitants, nevertheless, is on the whole very satisfactory, thanks to the advantages of an almost unequalled climate. The prevalent winds all blow from the ocean, greatly alleviating the heat in the town and on the heights of the Marshan and Monte (p. 428) to the W. of it, and bringing frequent showers in the cool season (annual rainfall 36 inches). Snow and frost are almost unknown.

History. *Tingis*, probably one of the earliest settlements on the straits, … in history until the Roman period. *Emp. Augustus* en… citizenship and *Claudius* made it a Roman colony. … 3rd cent. the territory of Tingis formed part … and under the constitution introduced … *Provincia Mauretania Tingitana.* … situdes of S. Spain and

descente vers le sud avant la grosse chaleur de l'été.

6 avril

Nous avons réservé des places dans un autocar qui relie le sud de l'Espagne. Nous partons ce soir à 10 heures. Ce n'est pas très onéreux, environ 52 dollars canadiens.

Nous devrions arriver à Algésiras le 8 avril vers 18 heures. Il nous reste encore une journée entière en ville. Chris doit se rendre dans une galerie pour rencontrer deux clients et, moi, je vais « faire » les librairies sur Long Acre et j'irai peut-être au théâtre – il y a deux pièces qui m'intéressent.

8 avril. Algésiras

Le car a eu plusieurs heures de retard. Nous patientons à une terrasse de café près du port. Depuis notre dernier passage ici – il y a huit ans – la ville a beaucoup changé. De grands immeubles longent le bord de mer ; le vieux quartier a été rajeuni et les terrains vagues qu'on voit partout me désorientent un peu. Les bars ont toujours la même allure, mais les tapas qu'on nous sert sont plutôt maigres et personne ne me comprend : quand je demande du *vino blanco*, on m'apporte du sherry *(fino blanco)* qui, ma foi, est bon et frais, mais trop fort.

Ce trajet a été franchement horrible. Partis de nuit et arrivés de nuit, avec de la pluie et un épais brouillard en France. Dans Madrid, le

Je relis
Gavin Maxwell :
Les Seigneurs de l'Atlas

Ticket de ferry :
1500 pts chacun, aller simple
3000 pts aller-retour, mais
c'est sûrement moins cher
que de les acheter à Tanger.
– Acheté des allers simples

• Vin blanc – 42 pts
• Tapas :
Crevettes (gambas) – 60 pts
Poivrons frits – 50 pts

chauffeur du car s'est perdu. Il était à peu près deux heures du matin et il cherchait l'hôtel qui avait été prétendument réservé pour tous les voyageurs. Quant il a fini par le trouver, grâce à un chauffeur de taxi, il était trop tard pour qu'on s'y installe. On a donc « dormi » dans le car.

Enfin le soleil et un café *con leche* au bar d'une station service près de Cordoue.

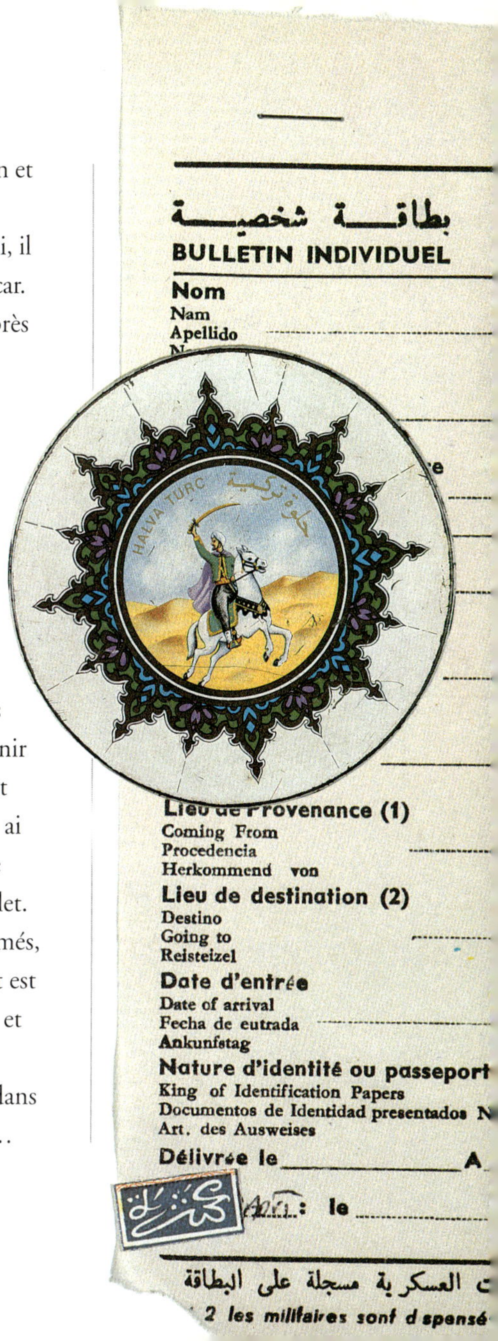

9 avril

Rien ne nous retenant plus à Algésiras, nous avons pris nos billets pour le ferry à destination de Tanger. Nous devions lever l'ancre vers treize heures, mais il est déjà quinze heures et le bateau vient seulement d'accoster et déverse ses passagers – tous des Marocains. D'ici, nous apercevons derrière des cloisons vitrées les douaniers qui s'affairent à fouiller les bagages des arrivants. La file avance tellement lentement que j'ai tout le temps de rêvasser et de spéculer sur les raisons qui poussent ces gens à venir en Espagne. Les histoires intéressantes que je me raconte alors sont malheureusement contredites par le nombre de gens refoulés. J'en ai le cœur meurtri et je me réjouis comme d'une victoire personnelle chaque fois qu'un passager semble passer à travers les mailles du filet.

Le dernier passager vient de quitter la douane et trois gardes armés, style armoires à glace, vont inspecter les toilettes. L'embarquement est pour bientôt. Chris s'assied par terre, se cale contre son paquetage et s'endort. Inutile de le réveiller tant que nous n'avançons pas. Il a dormi dans l'avion, il a dormi toute la nuit à Londres, il a dormi dans l'autocar, et il dort encore maintenant ! Cet homme est étonnant…

9 avril, un peu plus tard

Tanger. Dès le début, nous avons été surpris. Je m'attendais à une réception comme celle que l'on décrit dans les guides et qui vous donne envie de rebrousser immédiatement chemin. Mais point de bousculade ; les rabatteurs étaient si discrets que nous en fûmes presque déçus. Ça ne correspondait plus à l'image que nous nous en étions faite.

Nous sommes descendus dans un hôtel délabré de la place du Petit-Socco, au centre de la médina. On nous a donné la chambre n° 4, petite et sommairement meublée d'un placard en contre-plaqué peint, d'une table bancale, d'une chaise et d'un petit lit à deux places (avec des draps trop courts qui dévoilent un affreux matelas bosselé). Le sol est recouvert de grosses tomettes aux motifs géométriques. Certaines se sont décollées et nous nous amusons à arpenter la chambre rien que pour entendre sous nos chaussures leur « cloc » caverneux.

J'en ai descellé discrètement quelques-unes pour voir si elles n'abritaient pas un passage secret pour contrebandiers ou une cachette de parchemins. Hélas ! rien de tout cela. Rien non plus n'a été oublié dans le placard ou les tiroirs de la commode. Seul un mégot traîne encore sous le lit. La chambre est propre et fraîche et des portes-fenêtres gondolées ouvrent sur un balcon. J'imagine que cette pièce doit être glaciale en hiver ; ici, il n'y a aucun système de chauffage et les ouvertures laissent passer tous les courants d'air – le vent doit s'y engouffrer avec furie ! On voit d'ailleurs des fissures dans

$1.00 = 8 Dirhams

Env. photo

Ahmed Abd es Salam
Hôtel Kasba
15, place de Petit Socco
Tanger

les boiseries des fenêtres et l'interstice entre la porte et le sol fait au moins six centimètres !

Nous ne donnons pas directement sur la place, mais sur une petite rue adjacente, et notre balcon pénètre presque dans l'hôtel d'en face ! L'avantage est que ce logement est très bon marché, 112 dirhams, environ 14 dollars.

La nuit

Je ne sais que penser de cette ville, de ce mélange de sophistication qui s'effrite – les anciennes maisons coloniales et les bâtiments publics à l'élégance désuète – et de rues populeuses et bruyantes. C'est très excitant de commander son café en arabe et de continuer la conversation dans un français hésitant. En tout cas, c'est plus amusant que d'être vraiment en France. Les gens ici sont très indulgents et apprécient les efforts que nous faisons pour nous faire comprendre.

Nous buvons un café à une terrasse – je note le nom de l'établissement en partant. Une scène étonnante semble avoir été organisée spécialement pour nous. De jeunes cireurs de chaussures se rapprochent de nous par petits groupes en tapotant sur leur boîte avec leur brosse à reluire avant de la pointer en direction de nos chaussures. Ils attendent en réponse un petit signe de tête ou un refus évident pour se mettre à l'ouvrage ou battre en retraite. Les serveurs du café vont et viennent sans leur prêter la moindre attention. Un mendiant passe, seul, et s'arrête un instant ; si c'est un aveugle, il y a généralement quelqu'un qui l'accompagne. Les hommes

Café : 3 DH
Jus d'orange : 7 DH

Café : qahwa

Qahwa
Kehla jooj
2 cafés
noirs

et les jeunes garçons forment un ballet incessant où chacun a toujours quelque chose à vous vendre : T-shirts, dessous féminins, parfums, jouets, stylos, cigarettes, maroquinerie, montres, confiseries, etc.

Et les étrangers : comme il est facile de se moquer quand on est assis dans l'ombre et qu'on regarde passer les gens ! Ces chapeaux de soleil portés avec ostentation alors qu'il fait nuit ! Ces attirails vestimentaires qui vous classent d'emblée comme touriste, et puis ce ballet de grimaces, de regards inquisiteurs, de ricanements, d'expressions de gêne ou d'indifférence… Le monde entier défile devant nous.

Chaque scène de rue défie la réalité – depuis les hauts palmiers qui se découpent sur le ciel jusqu'à l'architecture incroyable qui ressemble à un empilement de morceaux de sucre, sur fond de Méditerranée… Ceux qui ont la chance d'être nés ici doivent parfois – s'ils songent à des pays comme le Canada – se féliciter d'ignorer l'humidité, la froidure et la grisaille de nos contrées nordiques.

J'ai tous les sens en alerte. Mon odorat s'éveille chaque fois qu'un individu – humain ou animal – nous croise. Chaque rue, chaque bâtisse, chaque échoppe déverse des vagues de senteurs qui nous submergent. Le jasmin et la rose se mêlent aux relents de poubelle, les embruns maritimes aux parfums de la végétation du désert, les chemises fraîchement lavées à l'odeur des burnous en poil de chèvre raidis par la crasse accumulée. Les visages sont fermés – toujours : ceux des traîne-savates, des boutiquiers, des chauffeurs de taxi. J'ai répertorié dans un coin de ma mémoire olfactive toutes ces odeurs : l'ail et le tabac (très répandus), et puis une variété incroyable d'effluves qu'il me reste encore à identifier.

* Pellicule n° 2
1 - Ahmed, patron de l'hôtel (envoyer)
2 - chambre n° 14
3 - Vue depuis notre chambre
4-5 Petit Socco
6-12 Médina

Café de la Paix

Nous passons généralement nos soirées sur une terrasse autour d'un café. Parmi les clients, je repère les beaux garçons. Ça gène Chris parce que tout le monde nous regarde, mais je ne pense pas que se soit la seule raison. Le premier soir, dans je ne sais plus quel café, un homme m'a paru particulièrement aimable, intéressant et courtois. On aurait dit un diplomate ou un riche marchand. Je l'ai regardé et il m'a fixée à son tour. Son visage ne m'était pas inconnu. Chris m'affirma qu'il nous suivait de bar en bar depuis un bon moment.

La musique arabe est étrange, un peu discordante, tantôt jaillissante et syncopée, tantôt douce et hypnotique ; associée à l'air chaud du soir et aux lumières tamisées des magasins, elle m'évoque un studio de cinéma où l'on tournerait des scènes orientales.

10 avril
Allons bon, j'ai des cloques sur la main gauche. Nous décidons de quitter cet hôtel plein de puces et d'en trouver un autre plus confortable et plus agréable. Direction la nouvelle ville.

Nous nous installons dans un bel hôtel style art déco un peu décati appelé le Martinique. Nous payons l'équivalent de 20 dollars pour une chambre avec salle de bains. Le balcon donne cette fois sur le coteau qui descend jusqu'à la plage. La brise marine et la fraîcheur des tomettes sous nos pieds nus atténuent les températures déjà accablantes de ce début de printemps. Chris lave mes vêtements pour les débarrasser de leurs puces. Moi, je déteste

Dîner
1 salade 10 DH
2 poulets 46 DH
2 Fanta 8 DH
Pourboire 6 DH
70 DH

Pellicule n° 3 (100 ASA) *
1 - Escalier de l'hôtel (17H30)
2 - Vue de la mer depuis l'hôtel
3 - Chambre (n° 202)
4 - Motif vu à l'hôtel (art déco)
5-12 - Immeubles dans la rue Pasteur

Bouquine à présent Lawrence Durrell - Sebastian

miza - fruit du jardin de l'hôtel - Ressemble à un abricot.

Trains pour Fès - changements obligatoires
7H15
9H30 *
12H35
15H05
* très lent

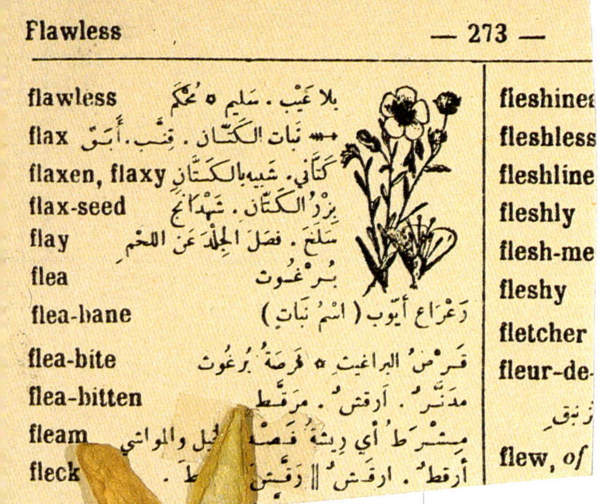
Flawless — 273 —

flawless	بلا عَيْب . سَليم ٭ مُحكَم	fleshines
flax	نَبات الكَتّان . قِنَّب . أَبَق	fleshless
flaxen, flaxy	كَتّاني . شَبيه بالكَتّان	fleshline
flax-seed	بِزْرُ الكَتّان . شَهْدانج	fleshly
flay	سَلَخَ . فَصَلَ الجِلْدَ عن اللحم	flesh-me
flea	بُرغُوث	fleshy
flea-bane	زَغْرَاع أَيّوب (اسْمُ نَبات)	fletcher
flea-bite	قَرْصُ البراغيث ٭ قَرصَة بُرغُوث	fleur-de-
flea-bitten	مُدَنَّر . أرقَش . مُرَقَّط	زنبق
fleam	مِشْرَط أي رِيشة فَصْد الخيل والمواشي	
fleck	أرقط . ارقش ‖ رقش	flew, of

Fleur de la passion dans la cour →

Extrait du Sebastian de Durrell !

« Au Caire, il y a tellement de confusion, de bruit, de lumières, de poussière, de puces, de gens, de soleil et d'obscurité qu'on ne s'apercevrait même pas que quelqu'un a disparu. »

faire la lessive. Si cela n'avait tenu qu'à moi, j'aurais été capable de remettre ces vêtements tels quels ! Heureusement, Chris a plus de bon sens. Mes piqûres de puce disparaissent, à part une marque rouge, toujours aussi visible que ce matin.

11 avril

Mes piqûres se sont estompées, mais la zone reste très rouge et me démange. Plus de cloque, en tout cas. Ce qui est curieux, c'est que la plaque rouge semble former une sorte de dessin. J'ai montré ça à Chris qui m'a simplement demandé si j'avais été piquée ailleurs. Le coton râpeux de mon chemisier ne cesse de m'agacer la peau. Au moins la chaleur et la sécheresse me rendent-elles ce vêtement supportable.

Youpi ! Avec cette manie que j'ai de fouiner dans tous les tiroirs et placards des chambres d'hôtel, j'ai fini par dénicher un vieux guide touristique du Maroc – un *Guide bleu* de 1943. Va falloir me remettre au français. Je jubile ! Et en parfait état, avec deux petits rubans de satin pour marquer les pages et de belles cartes en couleurs. Dans les marges figurent des notes manuscrites en français. Chris lève les yeux au ciel. Je sais ! À quoi va bien pouvoir me servir un guide de 1943 ?

Tanger est une ville fascinante, mais nous avons de sérieux problèmes pour obtenir des informations que je qualifierais de basiques, à savoir l'heure des repas et les moyens de locomotion locaux. Chris prétend

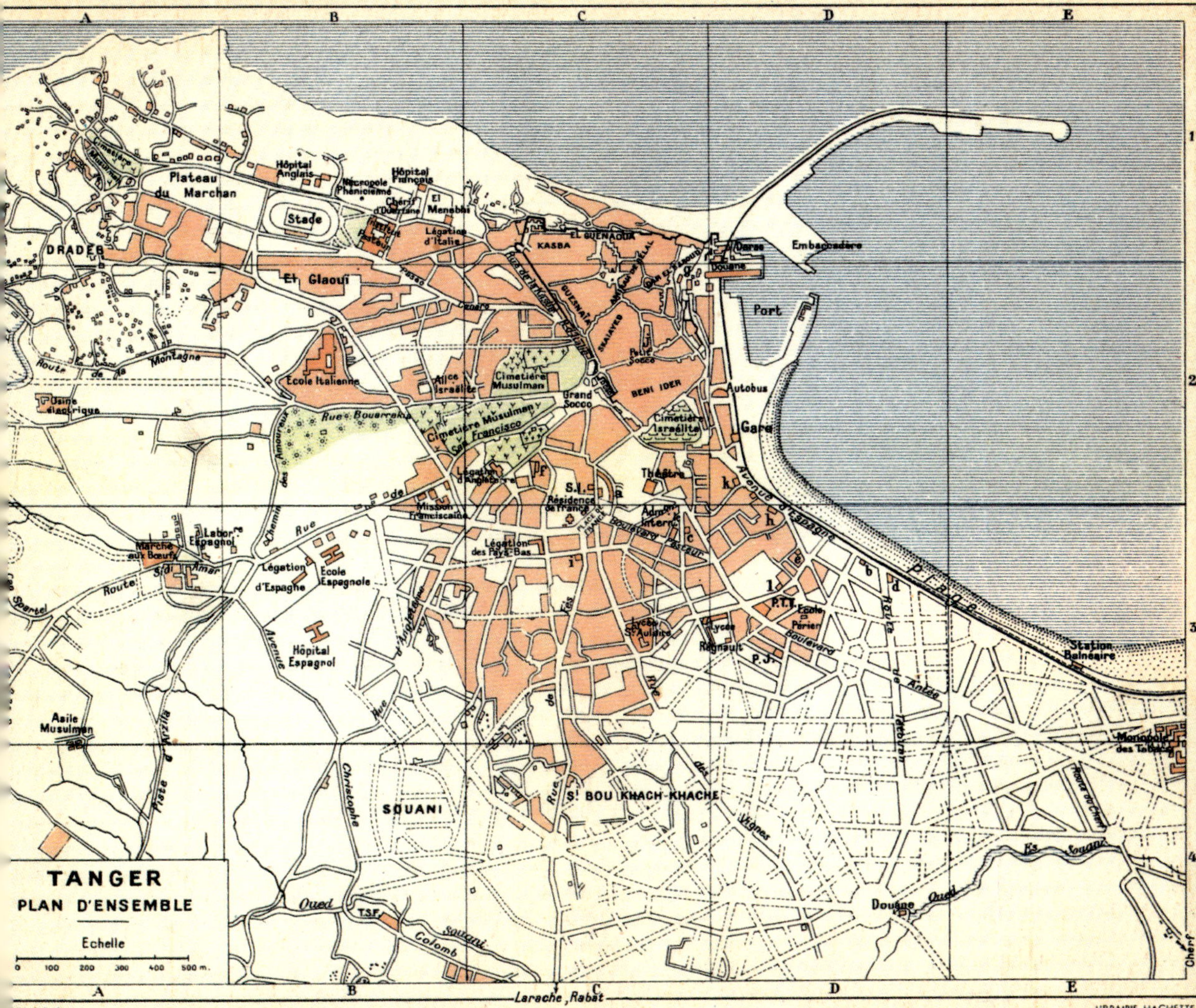

DES BLEUS

LIBRAIRIE HACHETTE

que mes piqûres de puce m'ont fait monter le sang à la tête. C'est vrai qu'elles me rendent folle. Je leur applique régulièrement de l'huile de musc et des lotions calmantes, mais je ne peux pas m'empêcher de penser que tous les gens qui me croisent savent d'emblée que je suis couverte de puces.

J'ai acheté une carte de Tanger, mais elle ne me sert pas à grand-chose. Chris l'a glissée au fond de sa poche et ne la sort que quand je la lui réclame avec insistance, c'est-à-dire des kilomètres après que nous nous sommes égarés. Comme Chris refuse de demander son chemin à un quidam, c'est moi qui m'en

Trouvé dans la rue, ressemble au Tarot mais les gens jouent avec. Savoir quel nom ça porte et comment on y joue.

* Pellicule n° 4 (100 ASA)
1 - Eglise anglicane
2-5 - Cimetière
6 - Tombe de Walter Harris
7 - Gardien du cimetière
8-12 Immeubles art déco

* Pellicule n° 1 - 35 mm
(100 ASA - Infrarouge)
Problèmes avec l'objectif
Tout semble ok à présent.
Pris les 36 poses
sauf 5 gâchées lors des
manipulations

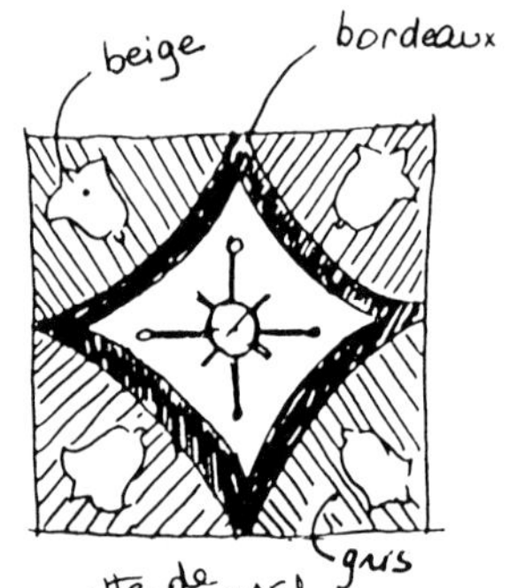

Tomette de la chambre d'hôtel

charge. Et la carte ne nous sert strictement à rien. Le mieux, quand on se perd, est de rebrousser chemin. Et dire que Tanger est minuscule ! L'ennui ici est qu'à la moindre hésitation, quelqu'un vient aussitôt nous coller aux talons en nous proposant son aide ; aussi préférons-nous marcher d'un pas assuré avec l'espoir de ne pas trop attirer l'attention. Ce matin, un homme nous a demandé si nous étions perdus et je l'ai prié de nous montrer la direction du boulevard Antée, un nom que j'avais lu dans mon vieux *Guide bleu*. Or, ce nom avait été changé en 1956 en boulevard Mohammed-V. Ce monsieur, assez âgé, opina du chef d'un air pensif et jeta lui-même un coup d'œil sur la carte de mon guide. Puis il s'empara joyeusement du livre, regarda la couverture et se mit à rire aux éclats, croyant que je voulais lui faire une farce. C'était un peu comme si vous vous étiez installés à une terrasse de café avec un journal datant d'il y a vingt ans, que vous le lisiez comme s'il avait été imprimé la veille et que vous le prêtiez à des voisins de table ; ou encore que vous essayiez de payer votre verre avec une monnaie qui n'a plus cours.

Aujourd'hui, j'ai demandé à Chris pourquoi il voyageait. Je ne lui avais encore jamais posé cette question. Soit que je tenais comme un fait acquis que nous partagions les mêmes bonnes raisons (même si nos motivations sont différentes), soit que je redoutais sa réponse. Il répliqua que contrairement à certaines personnes, dont moi, qui voyagent par pure passion et curiosité, lui n'est propulsé que par le besoin de « mouvement ». Cette réponse méritait que j'y réfléchisse. Mais ce qui m'a frappée, c'est sa sincérité.

12 avril

Ce ne peut pas être les séquelles de mes piqûres de puce : on voit une trace, une marque, comme une espèce de tatouage. Je n'arrive pas à la faire disparaître. C'est aussi rouge que le premier jour. Les démangeaisons se sont en revanche calmées. Je vais essayer d'en faire une photo que je collerai sur la page de mon journal à mon retour.

L'homme que j'ai vu au café le premier soir est réapparu. Il me fixe chaque fois avec une sorte de contemplation tranquille. Je ne peux pas dire que je me sente vulgairement « reluquée ». Au contraire, on dirait que cet homme me connaît. D'où et depuis quand, je ne saurais le dire. Je ne l'aurais jamais remarqué s'il n'avait eu cette dignité quelque peu singulière dans un endroit aussi populaire qu'un café en pleine rue. Il porte un élégant costume trois pièces taillé dans un tissu marron qui doit être de la laine. Ses chaussures sont bien cirées, ses cheveux et sa moustache impeccablement lissés. Ses traits respirent la sérénité. Les serveurs, plutôt brutaux d'habitude, lui parlent avec déférence. De temps en temps, il tire de sa poche une photographie qu'il étudie avec soin. Dois-je être flattée ou me fais-je des illusions ? Je ne le crois pas. À deux reprises, j'ai eu le sentiment que nous nous retrouvions, que nous nous connaissions depuis des années. À présent, je suis presque sûre que je connais cet homme. Chris me taquine en me disant que je craque pour les moustachus.

Cette situation me met sur des charbons ardents. Normalement, je suis du genre à me lever et à aller parler au monsieur, ce qui est toujours assez embarrassant car l'homme que vous agressez ainsi nie généralement qu'il vous draguait. Ça a au moins le mérite de le

Noms de rue changés à Tanger :

- Blvd Antée = Blvd Mohammed V
- rue des Vignes = rue Prince Héritier
- Passeo de Cenarro = rue du Dr. Cenatro
- rue de la Benada = rue Sidi Bouabib
- rue del Monte = rue Arrakia
- rue Goya = rue Prince Moulay Abdellah

calmer. Je ne compte plus le nombre de fois où Chris est intervenu alors que j'apostrophais un individu qui me regardait un peu trop lourdement, ou qui m'avait adressé des soupirs, des sifflets, des claquements de langue ou (au pire) des gestes indécents. Chris n'a jamais la patience d'assister au duel final, mais je n'apprécie guère qu'il s'en mêle. Il ne semble pas se rendre compte qu'il faut un vainqueur pour clore ce genre de débat.

Plus tard
Depuis que je suis ici, je ne me rappelle pas mes rêves. En revanche, Chris passe la moitié de ses matinées à me raconter ses tribulations oniriques, ce qui est aussi nouveau pour lui que pour moi. D'habitude, il ne s'en souvient jamais. Du coup, j'en deviens jalouse parce que je « rate » mes propres séances de cinéma ! Je lui fais part de ma déception. Il me sourit : « Que veux-tu, dans ces fichus plumards, il n'y a de place que pour un seul rêveur à la fois. »

14 avril
Je me sens un peu en dessous de mes performances coutumières. J'ai visité les sites touristiques importants : St Andrews – une véritable église écossaise transplantée au Maroc et agrémentée de quelques arabesques –, la villa de Malcolm Forbes et le musée des soldats de plomb, enfin le palais de la casbah avec un guide « officiel » qui ne vous lâche pas d'une semelle. Ensuite, je suis allée faire quelques clichés dans la nouvelle ville et le vieux quartier. Nous nous rendrons à Fès demain. Le temps est de plus en plus beau.

Pellicule n° 5 (100 ASA) *
Infrarouge
1-12 : Musée Forbes

Pellicule n° 6 (400 ASA) *
1-3 : Musée Forbes
4 : Gardien du musée (Soual) env. photo
Env. photo
5-12 : Enceinte de la Kasbah

Gardien du musée
Soual ben ~~Arba~~ Aarba
Darb el Moussa n° 14
Tanger

Pellicule n° 2 - 35mm (100 ASA)
Musée du Sultan (Palais) 1-36

Pellicule n° 7 (400 ASA)
1-12 - Musée
médina - Vieille ville
suq ou souq ou souk - marché

Trouvé à un étalage du marché juste derrière le Grand Socco - Rien que des vieux romans et documents français.

Marhaban – Bonjour
Ahlan wa Sahlan – Bienvenue
Salaam wa aleikum }
Alika Salaam } compliments
Masa el Kher – Bonsoir
Saba el Kher – Bonjour (matin)
Tcharafna – Je suis très honoré

Nous sommes passés devant notre première « résidence » dans le Petit-Socco. Le patron, Ahmed, nous a aperçus de loin et s'est avancé pour nous demander pourquoi nous avions quitté son établissement alors que nous devions rester à Tanger. Comment lui dire que son hôtel est envahi de vermine ? Nous lui avons déclaré que nous avions préféré nous installer à Tétouan afin de nous rapprocher de la gare car nous voulions nous rendre à Fès. Les gens avalent-ils les mensonges des voyageurs ? Mais, comme consolation, nous lui avons montré son adresse inscrite sur mon carnet en lui promettant de lui envoyer une photo de lui devant son hôtel et de lui rendre visite si nous revenions au Maroc. Après lui avoir dit au revoir, j'ai pressé le pas (ce qui, ici, ne manque jamais d'attirer l'attention) pour rejoindre Chris qui, bien entendu, avait continué sa route sans m'attendre. Je passe sur les interpellations qui fusèrent alors de tous côtés depuis le fond des boutiques : « Hé ! Madame, votre mari est ici dans mon échoppe ! » Ici, personne ne peut passer inaperçu. Tout se voit et tout se sait.

15 avril

Dans le train pour Fès. Avons discuté dans notre wagon avec un jeune homme encombré de toute une ribambelle de cahiers et de documents. Je n'ai pas bien compris ce qu'il étudiait, mais ça semblait exiger une culture plutôt éclectique ! C'était un type assez beau, aux manières décontractées et follement intéressé par notre expédition.

Nous avons échangé des petits gâteaux et des fruits, ce qui m'a donné l'occasion de m'exercer avec les quelques mots d'arabe que compte mon vocabulaire. C'est phénoménal la satisfaction que procurent ces échanges ponctuels, même si l'on n'emploie que quelques mots. Si le terme d'« amitié » n'était pas aussi austère dans notre monde occidental, je pourrais dire que grâce à quelques notions d'arabe, je me suis fait une foule de nouveaux amis. Il faut dire qu'ici l'hospitalité est une tradition et qu'il est courant de convier une rencontre inopinée à dîner chez soi ou à prendre un thé à la menthe. Les trains réservent aussi des surprises. Il paraît que les autorités refusent désormais de délivrer des billets de troisième classe aux étrangers. Adieu donc l'antique Express de Marrakech et son folklore. Les nouveaux trains sont confortables, silencieux, avec l'air conditionné et des stewarts qui arpentent les couloirs en poussant leur plateau roulant pour proposer du thé.

Quitter Tanger n'a pas manqué d'intérêt. En effet, le train a longé un long moment le port, puis le bord de mer. Ensuite il a bifurqué vers l'intérieur des terres et l'océan a fait place aux collines brûlées, aux champs cultivés, aux chantiers, aux points d'eau où femmes et enfants font la lessive. Presque toutes les maisons dans cette partie du pays sont basses ; elles ont été grossièrement construites et affublées de multiples dépendances qui partent dans tous les sens. On remarque parfois des infrastructures crénelées autour des habitations et des cours.

* Pellicule n° 8 : 1-3 Port de Tanger
4 - Compartiment
5 - Mohammed
6-7 - Souk el Aarba
Bousculade insensée lors du changement de train -

Env. photo

Plus tard dans la journée

Nous voici à Fès, bien installés dans un hôtel non indiqué du quartier neuf. La balade en train s'est terminée dans la joie. Peu avant d'arriver, notre compartiment était devenu « le dernier salon où l'on cause » avec des débats enflammés sur les Sept Merveilles du monde et plus particulièrement les villes qu'il ne fallait surtout pas rater au Maroc. C'est bien évidemment moi qui discutais de tout cela avec l'étudiant, auquel s'étaient joints un jeune couple et un vieux monsieur distingué au français impeccable. Du coup, on n'a pas vu le temps passer. Chris et moi avons été adoptés par le couple, Mohan et Rabai, qui ont mis un point d'honneur à nous accompagner jusqu'à notre hôtel… et pour eux, ce ne fut pas une partie de plaisir vu qu'ils trimbalaient des tonnes de valises.

Je dirais que Mohan est davantage « polyglotte » que multilinguiste. En fait, il ne fait pas vraiment la distinction entre une langue et une autre au sein d'une même conversation ou d'une même phrase ! Exemple : « Je vous en prie, *when you arrive in* Fès, faites attention *because, in cha'Allah, there will not be a* problème ! » De quel problème voulait-il parler au juste ? La discussion, à vrai dire, est partie dans toutes les directions !..

Rabai, elle, ne parlait que l'arabe. Elle interrompait sans arrêt son mari en lui tapant gentiment dans les côtes ou en lui tirant l'oreille : c'était sa manière de réclamer une traduction de ce que nous disions et de l'obliger à nous transmettre ses réflexions et ses questions. Elle voulait tout savoir sur la famille, le divorce, le mariage, les enfants, les gendres et les brus, les

Mohammed Boutaib
24, rue Benalien
Tanger

salaires dans notre pays… Je la fascinais littéralement et moi, je la trouvais absolument charmante. Elle me dévisageait tellement que je dus, moi aussi, la regarder droit dans les yeux et lui sourire. Elle ne manifesta alors aucun signe de gêne ou de timidité. Son visage avait une expression ouverte et chaleureuse qui oscillait entre une sobre impassivité et des envies furieuses de déployer un large sourire. Cette soudaine communication qui passa entre nous, sans tous les rituels sociaux habituels, me donna à penser qu'elle devait être dotée d'un sacré tempérament ! Au bout d'une demi-minute de cet échange de regards, nous éclatâmes de rire ensemble. Rabai se pencha en avant, saisit mes deux mains, déclara que nous étions sœurs à présent et que si j'en avais assez de Chris, elle me trouverait quelqu'un de convenable pour le remplacer. Mohan me traduisit toute cette tirade en français et moi je fis la même chose en anglais pour Chris qui esquissa un vague rictus de sociabilité minimale. Il opina du chef par deux fois d'un air entendu, sortit de sa poche les horaires des trains, s'y plongea une seconde puis se tourna vers le paysage qui défilait au-dehors. Tout le monde dans le wagon se tordait de rire. Je suppose que Chris et moi faisions les frais de cette belle hilarité.

Taxis - Ne pas payer plus de 10 DH - sauf la nuit - 14 DH

Mohan Rabai

Joli, non (?)

Ayeet - Fatigué
L'halshoun - il fait chaud
Ejma - Emportez-ça

18 H - Bab el Ftouh

J'ai promis à Rabai et Mohan d'aller leur rendre visite chez eux dans la vieille ville, Fès el-Bali. Mais ici il y a deux quartiers anciens, Fès el-Bali et Fès el-Djedid. Nous avons donc donné rendez-vous à Mohan à l'une des portes de la ville pour qu'il nous conduise jusqu'à sa maison.

16 avril

Avons passé la soirée d'hier et la matinée d'aujourd'hui à visiter Fès en long et en large. Pour des nouveaux venus, les dédales de rues nous sont devenus presque familiers. Je ne peux comparer Fès à aucune autre ville. On se prend d'ailleurs à souhaiter qu'elle demeure éternellement comme elle est, sans jamais changer ni évoluer. Je me demande même si la civilisation occidentale pourra un jour y pénétrer. Nous avons momentanément laissé tomber les plans. Parfaitement inutiles ici. Les noms de rue sont tous en arabe et parfaitement illisibles sur des cartes. Nous avons estimé qu'il était finalement plus sympathique de déambuler au hasard, quitte à se perdre. Aussi les incidents amusants n'ont-ils pas manqué ! À un moment, nous nous sommes retrouvés à un embranchement. Quelle rue prendre ? Un vieil homme s'est avancé vers nous et a pointé avec assurance son index dans l'une des deux directions, comme s'il était sûr de notre destination. Une autre fois, un gamin m'a littéralement poussée dans une boutique au fond d'une rue en cul-de-sac. Sourd à toutes mes protestations, il gesticulait et criait : « Viens ! Viens ! » Et quand nous nous retrouvâmes enfin dans la rue, ce n'était plus la même ! Nous avions pris sans le savoir un raccourci privé.

Trouvé cette vieille carte postale. Rien n'a changé sauf qu'il y a plus de monde dans les rues maintenant – Mosquée de Moulay Idriss mur des offrandes.

PRICE 4s.

· craya – difficile
· kalyptus – eucalyptus

Les échoppes sont fantastiques. Les salons de thé sont indiqués par de petites théières fixées au-dessus de l'entrée, les cabinets de dentiste par une peinture représentant une bouche affublée d'une dentition redoutable, qui sourit béatement et par une vitrine exposant d'horribles dentiers et des couronnes en or. Les apothicaires sont reconnaissables de loin à leur étalage regorgeant de peaux animales desséchées, notamment de serpent, de souris embaumées et de cadavres de rats. Des bouquets d'herbes et de feuilles séchées y sont suspendues au-dessus de paniers remplis de plantes et d'épices colorées. On y trouve aussi, pêle-mêle, des modèles pour décorer les mains au henné, des coffrets de produits de beauté, de petits sachets dans des tons verts ou rose criard, des paquets de thé, des baumes antimoustique, des savonnettes, etc.

Des guirlandes de figues agrémentent les boutiques des marchands de fruits secs. Lorsqu'on passe devant, le marchand ne peut s'empêcher de nous tendre, pour goûter, une poignée de ses dattes les plus succulentes. Mon sac est à présent bourré de petits paquets de dattes, d'abricots secs, de figues et d'amandes. Nous avons résisté plus

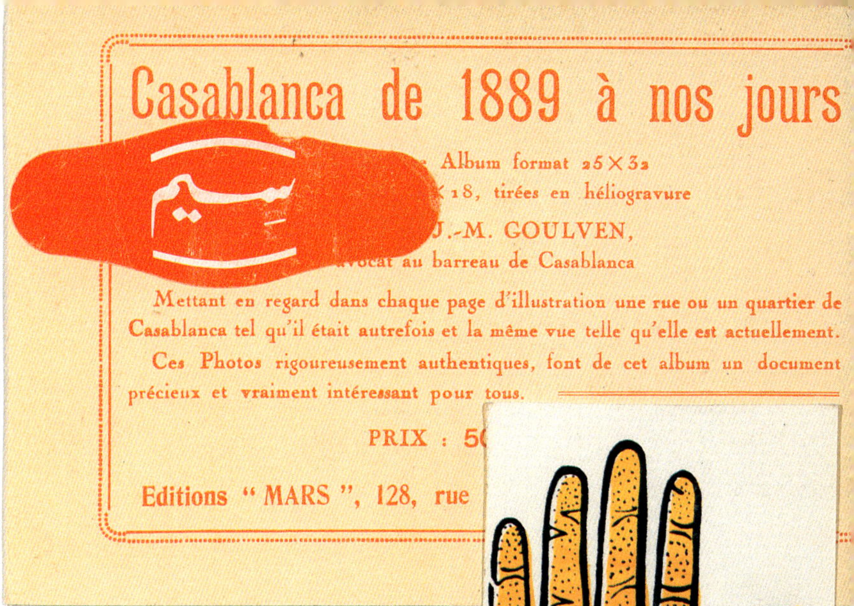

Pellicules 9-14 (400 ASA) *
Fès - comment s'y retrouver ? Je renonce !

Fondouk ou Fondouq } place du marché et auberge style caravansérail

← Découvert un tas de vieilles boutiques avec Chris. Pris beaucoup de photos.

facilement aux marchands d'olives. Non pas qu'elles ne soient pas excellentes, mais le transport de ces denrées est plus aléatoire ! Je m'arrête souvent pour humer avec délices les chaudes senteurs des huiles, des épices, et pour admirer les bocaux remplis à ras bord d'aubergines, de radis, de poivrons et d'olives au vinaigre. Le soir, sous les ampoules électriques nues, toutes ces boutiques prennent des teintes plus chaudes et enivrantes.

Les commerçants sont généralement assis dans des fauteuils à l'entrée de leur étal et interpellent les passants. Mais ils élèvent plus souvent la voix pour saluer un ami que pour vendre leurs marchandises.

À chaque coin de rue, c'est une fête pour les yeux et les oreilles – la surprise d'un gosse qui ne s'attendait pas à ce qu'un étranger se soit perdu dans son quartier, les volutes de poussière dans les rayons du soleil, le glouglou d'une fontaine publique et les rires qui fusent autour de ce point d'eau.

Nous avons retrouvé Mohan à Bab Ftouh, l'une des portes de Fès el-Bali, loin des voleurs à la tire. Dans les petites ruelles tortueuses, nous glissions parfois sur des légumes pourris. Nous avons traversé des marchés troués d'une foule de passages ouvrant sur des habitations ou des boutiques. Mohan habite un petit appartement humide dans une rue misérable, mais l'intérieur est confortablement

Env. photos

Mohan & Rabai
(Enfants : Ajroui
(Ajraoui ?) et Mohammed)
Oued Souaffine
Derb ben Arsa
N° 37 - Fès

* Pellicule n° 15 (400 ASA)
· Famille, terrasse, etc..

meublé. Il a deux enfants très convenablement habillés. Nous avons été reçus chaleureusement par Rabai. La table croulait sous le café, les oranges et les pâtisseries. Chris ne se sentait guère à son aise. Je pense qu'à l'avenir je me rendrai seule à ce genre de soirée.

Je demandai à nos hôtes la permission de prendre quelques photos. Nous montâmes sur la terrasse de l'immeuble et je photographiai tout le monde chacun son tour. Les clichés seront sûrement formidables avec, en arrière-plan, l'ensemble des terrasses de la ville, toutes surmontées d'antennes de télévision et de draps qui sèchent au vent. J'ai pris aussi des photos de la famille au grand complet en leur promettant de leur en envoyer.

17 avril

Hier soir, comme je commençais à m'endormir, Chris éternua bruyamment. De la chambre voisine, on entendit alors : *« El hamdulillah ! »*, ce qui signifie en arabe : « À vos souhaits ! » Je sursautai : on aurait dit que la personne se trouvait au pied de notre lit ! Chris répliqua d'un air absent : « Merci bien ! », comme s'il s'était adressé à moi. Et la voix de conclure : « Je vous en prie ! » Je tendis le bras pour tâter la cloison, persuadée que j'allais rencontrer un vague chiffon au lieu de planches de bois et de plâtre. De la main je touchai le papier peint et imaginai notre voisin, la tête également près du mur, dans la même obscurité et attendant un nouveau son auquel répondre.

Chris est parti pour la journée en compagnie d'un camarade d'université qui travaille à présent à Fès. Je dois les rejoindre dans l'après-midi, à l'heure du café, dans un endroit que je ne connais pas.

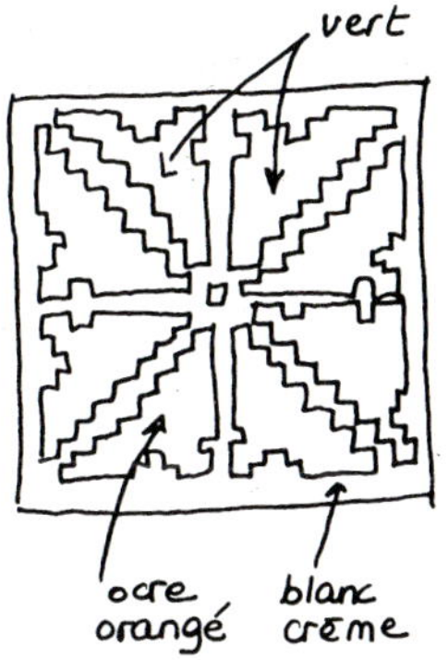

Tomettes sur le sol de la chambre

Pellicule n° 16 – bâtiments art déco. Nouvelle ville (100 ASA)

Cafeteria

LYDIA : VIENS NOUS REJOINDRE AU CAFÉ DONT JE T'AI PARLÉ HIER. C'EST JUSTE DERRIÈRE, RUE MOHAMMED V, SUR LE TROTTOIR, À DEUX PAS DE L'HÔTEL. À TOUT DE SUITE.

Christopher

Des instructions pour m'y rendre ont été notées sur un bout de papier, mais je n'y comprends strictement rien : pas de nom d'établissement. Le boulevard Mohammed-V est très long et il n'y a aucun moyens de se repérer par rapport aux rues parallèles qui sont toutes orientées nord/sud. On verra ça en route.

17 avril, 22 h 30

Par où commencer ? Ce qui m'est arrivé est incroyable. Je suis de retour à l'hôtel, seule – après avoir arpenté le boulevard Mohammed-V dans tous les sens et exploré tous les cafés. Ce n'est pas qu'ils soient nombreux, mais ils sont très éloignés les uns des autres. J'ai fait une pause au Café Métropole, juste au pied du Grand Hôtel. L'homme que j'avais déjà remarqué à Tanger était là ! Je lui ai parlé. Apparemment, il est propriétaire de ce café, le Métropole, ce qui n'explique pas mon impression que cet homme a quelque chose d'étrangement sophistiqué. Pourtant, dès qu'il a ouvert la bouche, et puisque inévitablement nous nous sommes reconnus, j'ai ressenti une plus grande assurance. Il s'est approché de ma table, mais ce n'est qu'au bout de quelques minutes que je me suis aperçue de sa présence, tant j'étais absorbée par ce qui se passait dans la rue. Il m'a invitée à le rejoindre. Je me suis présentée en lui tendant une main qu'il ignora poliment. Mais avant que j'aie pu analyser qui offensait qui, il avait saisi ma main gauche et relevait le tissu de la manchette qui cachait les marques du « tatouage ». Je crois que je suis devenue cramoisie – en voilà des manières ! –, mais, loin de retirer ma main, je la lui ai abandonnée.

L'homme me parla dans un mélange d'anglais et de français tout en examinant le dessin dont il suivait les contours du bout d'un ongle élégant et soigné, comme celui d'une femme. L'air ambiant changea doucement, se fit plus dense. Les clients semblaient partir les uns après les autres, mais, paradoxalement, j'entendais de plus en plus de voix qui parlaient, j'étais dans une sorte de cocon sonore. L'homme dévidait une histoire, lentement, comme dans un demi-sommeil, avec une voix tranquille et monotone, pareille à mes pensées – répétitives, obsessionnelles, impitoyables. Je commençai à paniquer lorsque d'un doigt il fit des cercles sur la peau fine de mon poignet et tenta de m'attirer vers lui. Il me serrait de plus en plus fort : « Seules votre peau et vos larmes vous permettront de faire ce voyage. » Il lâcha finalement ma main et gentiment, avec précaution, rabattit ma manchette. Puis il plaça sa main gauche, les doigts écartés, sur la table. De son autre main, il releva le poignet de sa chemise qui laissa apparaître des marques identiques aux miennes. Je sentais le sang battre contre mes tempes et j'eus l'envie soudaine de toucher sa peau. Lorsqu'il rabattit le tissu, l'air devint moins lourd et les bruits de conversation reprirent un niveau sonore normal. Je voulus l'interroger sur son tatouage, mais on aurait dit que je l'avais déjà fait et que, bien que cela me parût très important, je n'aurais pas pu comprendre la réponse. Pas encore.

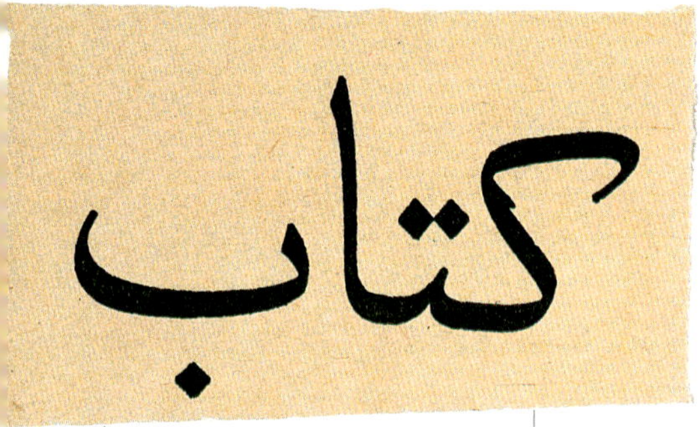

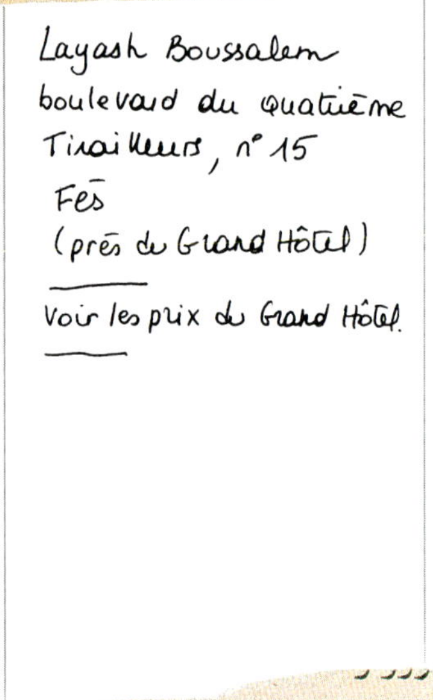

Il poursuivit en me parlant du Maroc, du monde arabe, de l'Islam. Il me confia son nom : Layesh. Il disait qu'il était un *hadj,* c'est-à-dire un musulman qui a effectué le pèlerinage à La Mecque. Le mot vient de *hejira* (envol, fuite), un terme que j'ai souvent rencontré dans mes lectures, car il semble décrire parfaitement l'idée du voyage, le mot « pèlerinage » étant trop réducteur pour que je l'utilise ici. « Envol » ou « fuite », c'est plus évasif. « Départ » me convient mieux. Je lui demandai quand avait eu lieu ce pèlerinage et s'il voyageait parfois hors du Maroc. Il resta dans le flou en disant que le pèlerinage avait eu lieu il y a bien longtemps, puis il se pencha subitement vers moi pour me déclarer qu'il ne cesserait jamais de voyager.

Il me questionna sur mes propres voyages. Autant me demander de raconter l'essentiel de ma vie. Je me contentai alors de lui répondre que, comme lui, je voyageais beaucoup et que s'il ne tenait qu'à moi, je ne m'arrêterais jamais. Il sourit et affirma que j'étais une des rares personnes qui pourrait comprendre son style de vie. Je ne m'en suis pas fait la remarque sur le moment, mais à présent que j'essaie de consigner cette histoire par écrit, elle me semble complètement folle.

Je l'ai prié de m'écrire son nom et son adresse sur un papier. Nous n'avons pas précisément décidé de nous revoir car il était évident que cela allait se produire. Il refusa que je paie ma consommation. Je lui dis au revoir en souriant et partis. Comment une rencontre aussi étrange peut-elle se terminer d'une façon aussi banale ?

17 avril, 23 h
Toujours personne. À la réception, pas de message. Qu'est-ce qu'ils peuvent bien fabriquer ?

Minuit
J'appelle la réception de l'hôtel – toujours rien. Le gardien de nuit dit être désolé pour moi.

18 avril
Retour à minuit et demi. Allen et moi t'avons attendue plus de trois heures au café avant de nous décider à aller dîner. Là, on a parlé du bon vieux temps.

Je ne comprends pas comment tu t'es débrouillée pour nous manquer – nous étions assis juste derrière la vitre du café. En relisant le mot que je t'ai laissé, j'avoue qu'il n'était pas très clair, mais nous as-tu seulement cherchés ?

Je ne sais toujours pas le nom de ce troquet, mais je t'y emmènerai aujourd'hui prendre un café. Aimes-tu cette marque de thé ?

18 avril
Je dois tout noter. Chris m'a emmenée dans son fameux café et c'était justement… le Métropole, où j'avais parlé longtemps, la veille, avec Layesh !

Pellicule n° 17 (100 ASA) *
1-12 – d'autres immeubles nouvelle ville

Café Stella
- café – 5 DH
- pâtisseries 7 DH
- jus d'orange 7 DH

Café Métropole
- café – 3 DH

- Réceptionniste hôtel :
Menhabi Rachidi
c/o Hôtel Cécile
rue du Soudan, 80
Fès

Bagra – vache
Howli – mouton
Sachmar – dinde
Labull – cheval
Berrarej – cigogne

Fès – Faïences, céramiques, tuiles (huile d'olive pour chauffer les fours)
Bleu = Fès
Vert = Nord
Brun = Safi

J'ai dû arriver juste après leur départ. Je me demande si cela se produit souvent, ces rendez-vous manqués à quelques minutes près dans un même lieu.

Un homme reconnaît Chris et nous salue. Il me demande si je suis la personne que les deux messieurs ont tant attendue hier au soir. J'acquiesce et l'homme éclate de rire en s'étonnant que l'on puisse rater le café le plus populaire de Fès. Je lui précise que j'ai bien trouvé l'endroit, mais probablement trop tard ; que j'ai alors pris une consommation et discuté avec le patron. L'homme me réplique que c'est impossible pour la bonne raison que le patron, c'est lui, qu'il est resté là toute la journée et toute la soirée, mais qu'il ne m'a pas vue. J'insiste, sûre de moi. Non, mais ! Ils me regardent tous comme si je m'étais évadée de l'asile. Et Chris aussi – j'ai bien cru qu'il allait m'empoigner pour me ramener à l'hôtel. Il m'a donné un léger coup de coude qui signifiait que je devais me taire.

Mais alors, si Layesh n'est pas le patron de ce café comme il l'a prétendu, m'aurait-il aussi donné une fausse adresse ? Je me souviens l'avoir entendu me dire quelque chose comme dans un rêve, mais je ne saurais préciser quoi. Il faut que je le retrouve pour lui

demander de répéter sa phrase. Sur le coup je n'y ai pas vraiment prêté attention tant cela m'a paru absurde : il a dit que je quitterais Fès très vite. À présent, comment le joindre si tout n'est que mensonge ? Comme je me rendais compte que la situation devenait gênante, je rassurai tout le monde en affirmant que j'avais dû me tromper. Soulagement général. C. et moi dégustâmes notre café et nos loukoums. Le patron revint nous voir et cette fois se présenta personnellement à moi (Chris avait oublié son nom et n'avait pas envie que ces échanges de compliments s'éternisent.) L'homme me déclina son identité, Abderrahman, et m'indiqua que ce café appartenait à sa famille depuis soixante-dix ans. Je lui demandai si je pouvais emporter un menu ou une addition (en souvenir), mais il ne saisit pas très bien et m'envoya un serveur avec une autre carte.

Nous discutâmes avec un couple que Chris avait rencontré la veille quand il était avec Allen.

Allen nous rejoignit plus tard dans la soirée. Je l'ai connu lorsque nous étions encore des adolescents boutonneux. Il n'a pas changé ! Non, je suis injuste. Il n'a simplement pas pris conscience que c'était peine perdue d'essayer de nous impressionner avec sa bardée de diplômes. Mais reconnaissons qu'il a de bons côtés, malgré ses grosses lunettes et ses chemises à manches courtes, mais vraiment trop courtes. En outre, on devine son tricot de corps sous la chemise légère

Shukran – Merci
Inch'allah – Si Dieu le veut
Baraka – Dieu vous bénisse, Bonne chance
S'il vous plaît – 'afak ('a' guttural)

(sûrement du Nylon) ; et puis il a cette manie de mettre un énorme portefeuille dans la poche arrière de son pantalon qui godaille. Ça y est, j'ai tout dit. Je suis calmée. Bah ! ce garçon est tout de même très sympa. Déjà, il vit au Maroc, loin des facultés sombres et poussiéreuses ! C'est courageux. Il est très enthousiaste sur sa vie en Afrique du Nord, il parle presque couramment l'arabe et ne se plaint jamais. Sa description de la vie à Fès est tout à fait fascinante et je l'envie pour les connaissances approfondies qu'il a acquises en si peu de temps. Je suggère à Chris de rester plus longtemps dans cette ville et éventuellement de prendre des cours d'arabe, mais comme d'habitude Chris ne manifeste guère d'empressement. Il faut dire aussi que la ville est éprouvante – le bruit, la crasse, la foule –, mais tellement vivante que je pourrais y habiter. Quoi qu'il en soit, nous commençâmes avec plaisir à envisager la suite de notre itinéraire.

Allen, qui a beaucoup circulé dans toute cette région, nous a donné un coup de main en décryptant les cartes à notre place. Mais c'est à nous de voir si nous voulons nous rendre ensuite en Algérie et en Tunisie ou bien si nous préférons retourner en Espagne pour nous envoler vers la Grèce.

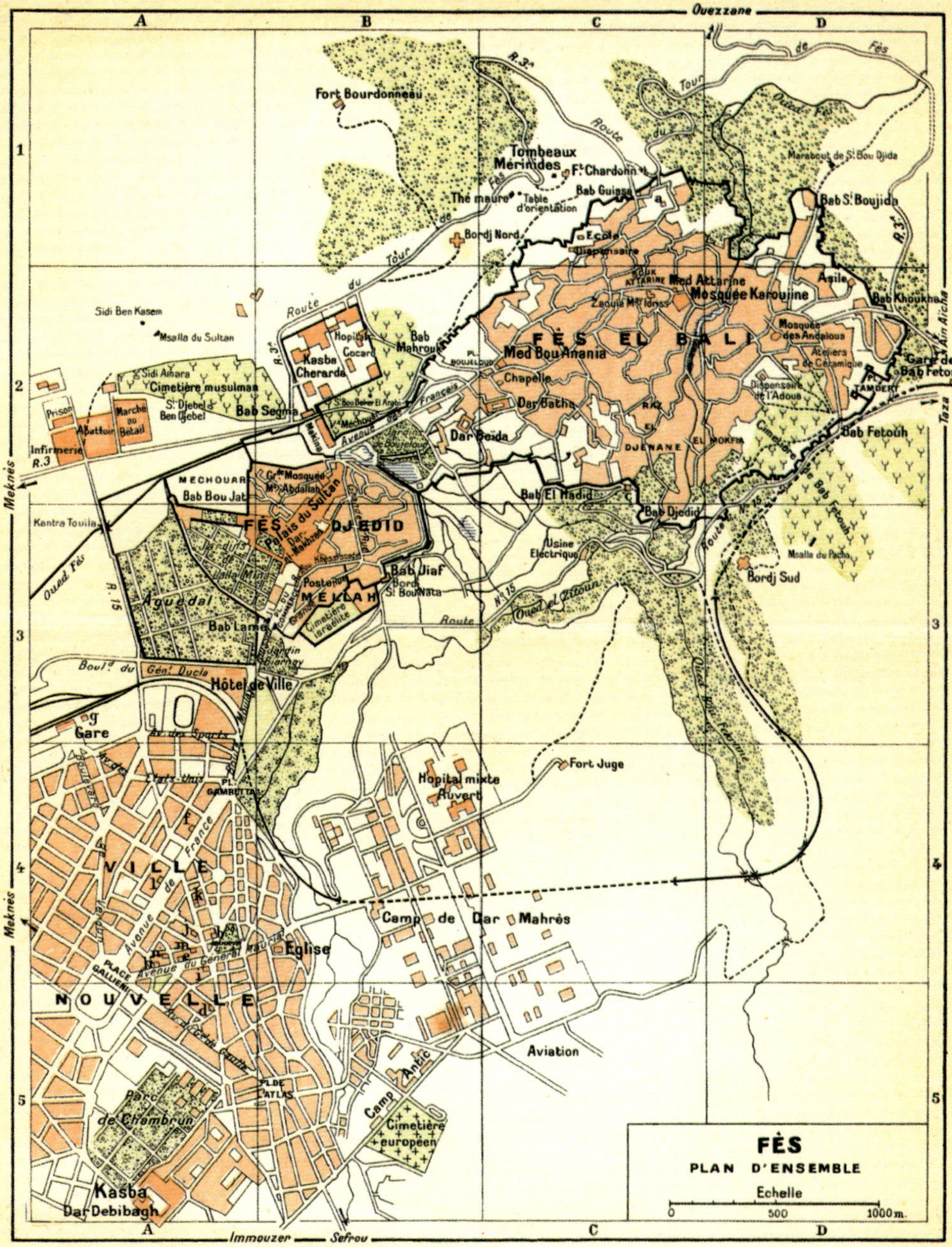

LIBRAIRIE HACHETTE

Fès -

- Avenue de France =
  Av. Hassan II
- Avenue du Général Maurial =
  Av. Mohammed Slaoui
- Av. du Général de Gaulle =
  Av. Youssef ben Tachfine
- Av. Foch =
  rue Mohammed el Hausali
- Bld du quatrième Tirailleur =
  Bld Abdallah Chefchaouni
- Place Gambetta
  Pl. de la Résistance

Bld de Verdun :
Bld Tariq Ibn Ziad

20 avril, encore à Fès
Ai passé la veille et une bonne partie de la journée avec mon *Guide bleu* à essayer de retracer mes parcours, surtout dans la nouvelle ville. La plupart des rues et des allées n'ont pas de nom dans les deux anciens quartiers où les cartographes, de désespoir, ont dû baisser les bras ! En revanche, c'est assez simple de suivre les grandes avenues. J'ai essayé de répéter l'opération avec Chris, mais j'ai été incapable de retrouver les rues que j'étais parvenue à situer la fois d'avant ! Le Café Métropole était autrefois installé sur une rue qu'on appelait le boulevard du Quatrième-Tirailleurs. Pas étonnant qu'ils aient changé ce nom alambiqué, qui honorait une ancienne division militaire française. Et dans mon vieux guide, le Café Métropople n'est même pas mentionné : il y est simplement dit que le long de ce boulevard, on trouve beaucoup de cafés et de restaurants. Mais j'y suis ! Boulevard du Quatrième-Tirailleurs, c'est l'adresse de Layesh ! Il m'a donc noté l'ancienne adresse du café, pas celle de son domicile. Pourquoi diable a-t-il fait cela ? Il faut à tout prix que je le revoie.

Pellicules n° 18/19
- Medersa bou Inania
- Scènes de rue, vieille ville, Fès el Bali

Pellicule n° 20
- La Mellah. Le vieux quartier juif Fès el Djedid

* (400 ASA) *

21 avril
Ou bien les jeunes oisifs en quête de rapine nous reconnaissent à présent, ou bien nous sommes devenus plus discrets dans nos

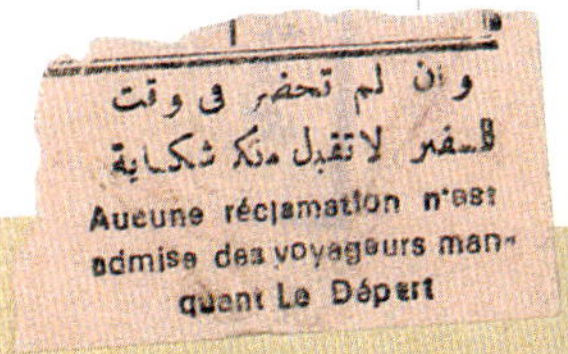

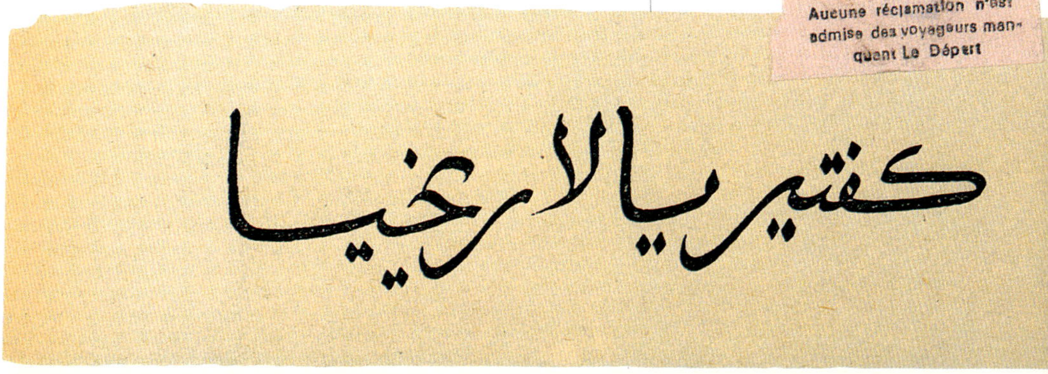

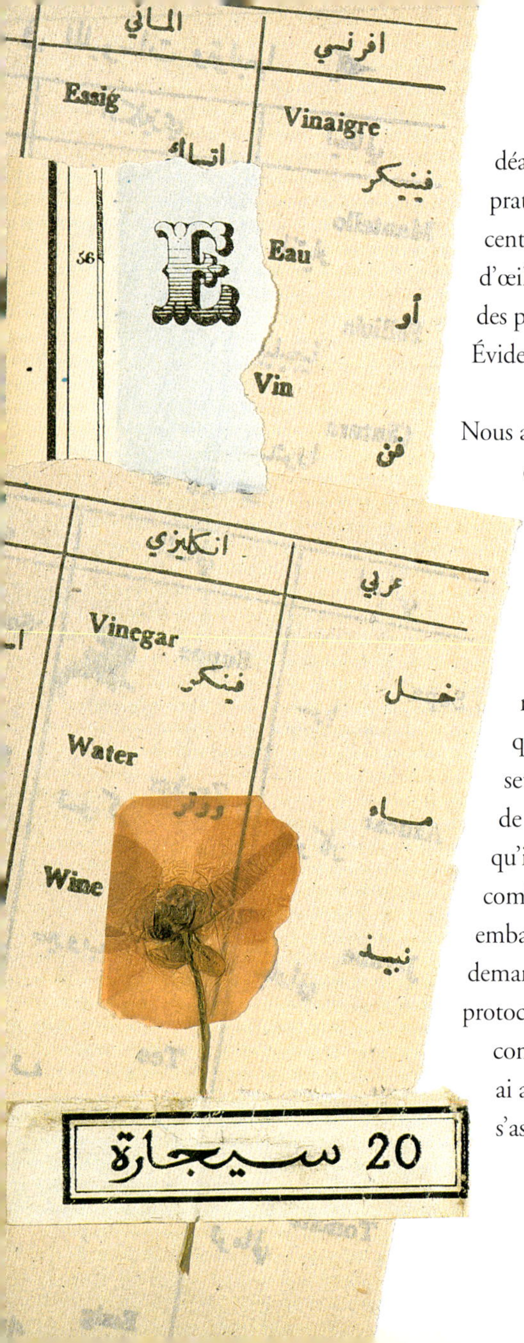

déambulations. Quoi qu'il en soit, nous nous baladons désormais pratiquement *incognito* dans tous les quartiers de la ville. Grâce aux centaines de boutiques, la liste d'achats de Chris diminue à vue d'œil. Nous sommes allés si souvent au bureau de poste pour envoyer des paquets que le préposé nous a invités à dîner chez lui. Évidemment, Chris a refusé, mais plus poliment que d'habitude !

Nous avons passé des heures dans ces magasins feutrés où l'on vous déroule en tournoyant, avec des arguments de vente des plus convaincants, de somptueux tapis orientaux. J'observe toujours Chris quand il discute affaires. Il ne marchande pas. Il ne fait aucune offre. Je ne me souviens pas l'avoir entendu dire : « Combien coûte celui-ci ? » Non, il se contente de rester assis, le visage totalement inexpressif, en attendant que le marchand dégringole le prix de lui-même par paliers jusqu'à ce qu'il l'arrête d'un « d'accord, je le prends. » Chris n'a pas seulement appris deux mots d'arabe, ne serait-ce que les formules de politesse, et il ne connaît que quelques bribes de français, bien qu'il le comprenne assez bien. Et malgré cela, il sait d'instinct combien il devra payer son thé à la menthe ou le type qui lui emballe ses marchandises. Ça, ça m'a toujours sidérée. Je lui ai demandé s'il s'était renseigné sur le montant des pourboires et sur le protocole des échanges commerciaux au Maroc, mais il m'a toisée comme si j'étais vraiment trop naïve pour qu'on en discute ! Je lui ai aussi demandé s'il avait donné un pourboire au postier pour s'assurer de la bonne expédition de ses envois. Il a d'abord joué les offensés, puis il a admis qu'en effet il lui avait fait un petit cadeau, mais une somme tellement ridicule ! J'en ai conclu que le mieux était d'attendre pour voir si les paquets arrivaient bien à destination. Nous sommes tous les deux du genre économe, mais chez lui ça frise la pingrerie !

Nous passons également beaucoup de temps à nous promener sans but dans la chaleur marocaine. D'un seul élan nous nous engouffrons dans les cafés en cessant toutes nos éventuelles tergiversations (« On y va… On n'y va pas ?.. Décide-toi… Si on allait ailleurs ?.. ») Les cafés nous attirent comme des aimants, moins pour la promesse d'un verre glacé, d'une terrasse ombragée ou d'un salon avec air conditionné que pour ce sentiment de faire partie de la ville et de la voir vivre devant nous. Les

Cassettes : pas de prix marqué. Dépend du nombre de fois qu'une cassette a été écoutée. Impossible d'acheter une cassette neuve, non déballée.

Bajaddoub - Andalou
15DH

bruits et les odeurs deviennent alors davantage acceptables, tels des signaux sensoriels bienvenus, et le soleil écrasant ou les affreux buildings modernes des éléments nécessaires à ce rêve. Car il s'agit bien d'un rêve. Il est un fait que nous n'appartiendrons jamais à cet endroit : s'y sentir bien revêt donc finalement assez peu d'importance. Il était temps d'en partir avant que toute illusion nous quitte.

Bajaddoub باحروب

باحروب
b.u.d-j-b

باحروب

silu – سلو
(mixture typiquement marocaine)
ingrédients : mélanger : amandes, semoule, sésame, farine, téhin, lentisque, neva (?) – pois chiches – et pour lier, huile, cannelle.

1 Kg tehin + 1/4 beurre + 1/4 huile

Directives de Mohan !!

(quelle est la différence entre la farine et la semoule ?)

Rachel Guillemot
(amie d'Allen)
79, rue du Commerce
Fès.

Ai passé plusieurs soirées et une journée complète avec Mohan et Rabai. Chris ne m'a accompagnée que le tout premier soir. Depuis, j'ai dû trouver à chaque fois des excuses. Grâce à ces gens charmants, je connais mieux Fès. Les marques sur le dos de ma main sont toujours là et je les cache avec la manchette de mon chemisier pour éviter toute discussion. Dans la cuisine de mes amis, j'ai essayé de me rendre utile en pressant des jus d'orange ou en coupant les légumes en rondelles, ou bien encore j'allais jouer avec les enfants sur la terrasse. En revanche, j'ai évité de me rendre avec Rabai au hammam – les bains publics – car elle aurait fatalement découvert mon tatouage. Malgré son insistance, j'ai résisté à ces invitations répétées.

Nous quittons Fès demain pour Rabat, la capitale, *via* Meknès où nous séjournerons un jour ou deux. Nous avons décidé de nous rendre en Tunisie ensuite et nous procurerons les visas à Rabat.

Il y a constamment des bus qui se rendent à Meknès – ça prend environ une heure –, mais comme cadeau d'adieu, Allen nous a offert un taxi et son chauffeur pour nous emmener et nous faire visiter au passage les ruines romaines de Volubilis. Les vestiges de cette époque ne semblent pas très nombreux au Maroc et Volubilis est certainement le plus beau site grâce à sa superbe collection de mosaïques pratiquement intactes et encore en place. C'est miraculeux qu'Allen ait pu nous organiser cela : hier encore je me désespérais en regardant la carte car il était pour moi évident qu'on ne pouvait atteindre Volubilis qu'en voiture. Sinon, pour ceux qui, comme nous, n'ont pas de gros moyens pour s'offrir une telle randonnée, il y a des services de cars qui mènent dans la banlieue de Fès ; on attend ensuite environ une heure un autre bus qui vous laisse à un carrefour ; enfin, il vous reste deux à trois kilomètres à faire à pied (ou en stop) pour vous rendre sur le site lui-même. Il serait en fait plus commode de partir de Meknès, mais j'ai horreur de faire plusieurs fois le même trajet. Allen nous a recommandé de ne rien payer en supplément et d'exiger d'être déposés à notre hôtel en arrivant à Meknès. Mohammed, le chauffeur, connaît Meknès aussi bien que Fès, aussi le fait de n'être payé que pour l'aller ne semblait pas lui poser de problème.

22 avril

Quittons Fès vers 7 h 30 pour éviter la grosse chaleur sur le site de Volubilis. Nous avons fait le tour des remparts avant de nous éloigner de la ville et des faubourgs où les parcelles cultivées forment une jolie marqueterie de petits carrés verts et bruns. Puis nous avons commencé à grimper dans les collines pierreuses et traversé plusieurs petites bourgades. Sur la route nous avons croisé des camions poussifs et des carrioles dont le chargement dépassait de tous les côtés. Ces empilements précaires de gros oignons violets espagnols ou de melons verts ou jaunes sont de fausses images de l'abondance. Notre taxi, une Mercedes que Mohammed époussetait et briquait toutes les cinq minutes, n'avait pas de mal à dépasser ces « escargots ».

Nous étions les premiers arrivés sur le site. Il était 8 h 30. Mohammed nous en fit faire le tour, mais il était évident qu'il n'avait qu'une idée en tête : celle d'arriver à Meknès le plus vite possible. À son grand dam, nous prîmes quand même notre temps pour visiter et

Pellicule n° 21 *
Volubilis : porte romaine
· mosaïques
· Chauffeur :
Mohammed
~~Abrouti~~
Mbrouki

Pellicule n° 22 (400 ASA) *
1-4 Vue de
Moulay Idriss du
sommet d'une colline
+
et de l'autre côté.

wahid – 1
ithnein – 2
thalatha – 3
'aarba – 4
Khamsa – 5
Sitta – 6
seb'a – 7
timania – 8
tes'a – 9
'ashra – 10
hadash – 11
ithnash – 12
thalatash – 13
'aarbatagh – 14

Lyoom – aujourd'hui

demain – ghedda

hier ?

chercher les fameuses mosaïques. Puis la chaleur montante eut raison de notre énergie.

Mohammed fit un crochet par la ville sainte de Moulay Idriss. Dédiée au saint du même nom, cette ville est si sacrée qu'aucun non-musulman n'est autorisé à demeurer la nuit dans ses murs. Mohammed lui-même ne voulut pas s'y arrêter, non pas pour des motifs religieux, mais parce qu'il nommait ainsi ses habitants : « Voleurs ! Assassins ! Drogués ! » en agitant furieusement la peau de chamois avec laquelle il nettoyait la carrosserie de sa voiture, comme s'il chassait les mouches. Il nous conduisit par une petite route poussiéreuse jusqu'à un point de vue qui dominait la ville. Lorsque nous lui demandâmes s'il voulait bien nous attendre, le temps de faire une rapide balade en ville, il répondit que c'était à nos risques et périls et que nous n'en reviendrions jamais ! Nous nous contentâmes donc du panorama.

Nous voici à Meknès – centre très actif doté d'une médina des plus étonnantes. Nous n'avons jamais été autant importunés et harcelés. Mais la leçon de Fès nous a servi et nous nous sommes aussitôt dirigés vers les portes secondaires de la ville, en négligeant la principale. Nous nous sommes même disputés au sujet du chemin à prendre : l'angoisse de se perdre est ici plus forte qu'ailleurs.

Nous voici donc arrivés. C'est étrange, Layesh me manque et pourtant je le connais à peine.

24 avril. Rabat

Nous avons décidé de passer deux nuits à Meknès. À une certaine époque, Meknès était une grande cité impériale fondée par un autre Moulay, Moulay Ismail. Mohammed nous décrivit ce personnage avec tant de fougue que nous eûmes le sentiment qu'il allait apparaître devant nous. Mohammed disait que cet homme garnissait le haut de ses remparts de têtes coupées. J'ai d'ailleurs trouvé un journal français qui reproduisait une gravure illustrant ces faits historiques. Ce prince sanguinaire fit de sa ville un chef-d'œuvre d'architecture : portes massives, immenses jardins, palais fantastiques. Son mausolée est environné de tant de guides qui se proposent aux touristes qu'il est impossible de s'en approcher sans louer les services de l'un d'eux.

Meknès ressemble aujourd'hui à une ville de garnison. Les nouveaux quartiers sont laids. Quant à la vieille ville, elle est

* Pellicule n° 23
Meknès
. Appareil photo
cinéma
ville nouvelle
. résidences
vieille ville
. marché

Hôtel cher

3 ***
Hôtel Meknès
224 DH !

15 DH
course taxi
jusqu'à
porte annexe
de la médina

Ibareh
hier

Hôtel Figaro :

2 ** - très propre, très vieillot (Je crois qu'il a été déclassé à 1* - on a gratté une des étoiles sur la porte d'entrée)

matelas pas très net

- 104 DH

Env. photos

Rencontré au Café Splendide : le serveur et sa fiancée
Najim el Hussein
et Sabira
22, rue dar Reghaï
Salé

* Pellicule n° 24 (100 ASA)
- Casbah - les jardins
- Café, maisons dans la casbah
- La Bou Regreg avec en face la ville de Salé

maintenant tellement excentrée qu'elle semble négligée et désertée. Peut-être doit-on accuser l'intérêt exclusif que les visiteurs portent aux palais et aux jardins, reléguant du même coup la ville elle-même, neuve ou ancienne, au rang de détail sans importance.

Il faut nous occuper de nos visas pour la Tunisie.

Un peu plus tard

Le plan de Rabat n'est pas très compliqué. Tous les quartiers semblent avoir été tirés au cordeau et quadrillés. Ici, plus d'ennui, car personne ne nous prête la moindre attention. Nous avons trouvé facilement le consulat tunisien. Les visas ne sont pas nécessaires ; en outre, nous sommes repartis avec des tonnes de documents touristiques.

Avons passé presque toute la journée dans la médina et la casbah. La casbah est constituée d'une route principale très animée qui fait le tour de la vieille ville. D'ici, on surplombe le delta de la Bou Regreg et, située de l'autre côté du fleuve, on aperçoit Salé, la ville jumelle qui fait face à Rabat. Dans la casbah se trouve un palais avec des jardins incroyables qui sont de merveilleux lieux de rencontre pour les femmes ou pour les amoureux. Ces jardins magnifiquement entretenus sont très sophistiqués. En effet, l'agencement et le choix des végétaux s'intègrent parfaitement à l'architecture. Les porches en fer forgé et les traditionnelles grilles aux fenêtres s'incrustent dans des murs de terre crue séchée. Des marches ébréchées en ciment mènent à des portes peintes à la main. Les plates-bandes de terreau noir laissent dépasser ici et là des tessons de poterie, vestiges qui témoignent de générations de pots cassés. Avons tout de même déniché un charmant

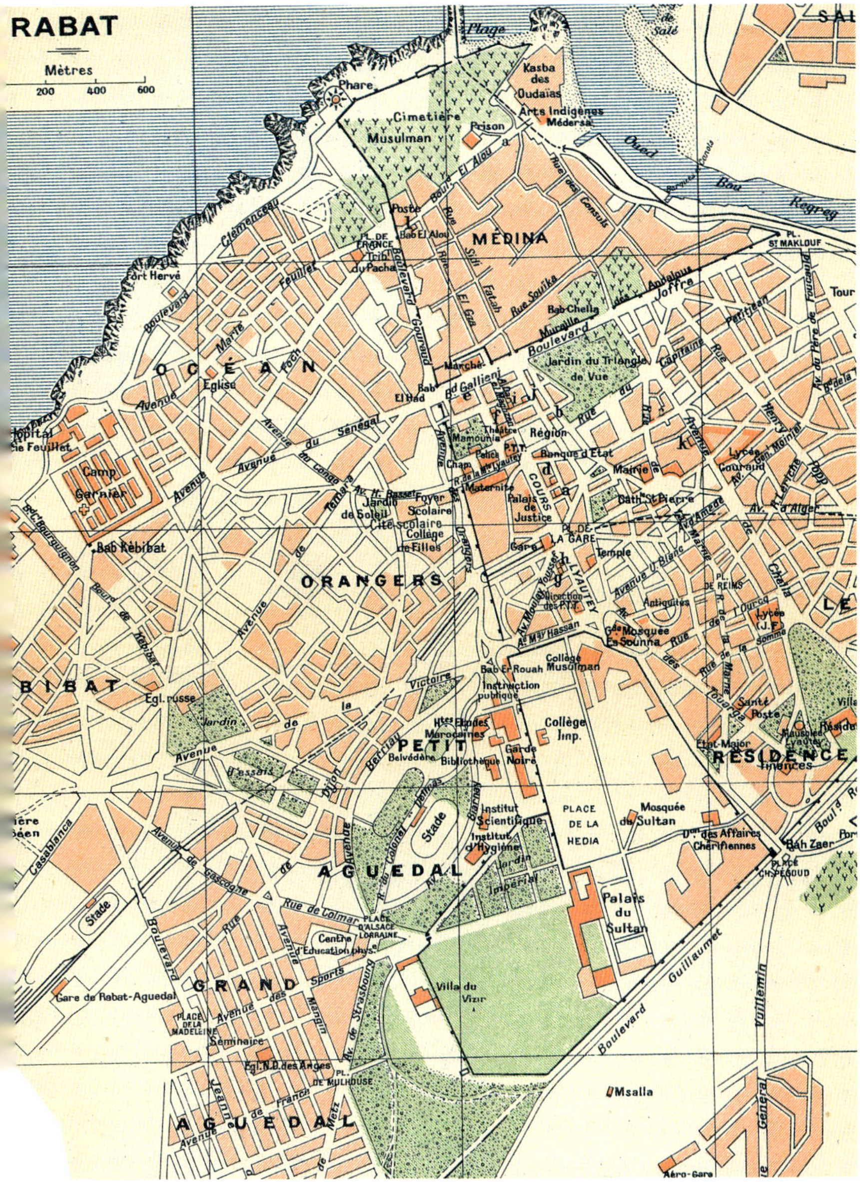

Trains de Rabat
au Port de
Casablanca

7h00 (sauf Sam.)
7h30
7h53
8h20
9h23
10h45
11h33
12h05
12h35 (sauf dim.)
13h35
14h33
15h30
17h15
18h45

durée 55 minutes
environ.

Gare
Kayn la gaar
كاين لڭار

train
elmasheena
الماشينة

* Pellicule n° 25 (400 ASA)
médina
- Étals alimentation
- Habillement/magasins de vêtements
- Coiffeur
- Encore des cafés
- Scènes de rue

[Rue Mohammed V
rue Souika
rue des Consuls
rue Djemma]

* Pellicule 35mm, 36 poses
1-12, Main
13-15, depuis la fenêtre de la chambre d'hôtel
Rembobiné après cliché 15 – Noter que le rouleau n'est qu'à moitié utilisé !

petit café près des jardins du palais dans la casbah. Le lieu est, entre nous soit dit, nettement plus spectaculaire que la carte (soda, thé et café, un point c'est tout), mais nous y retournerons probablement ce soir. Tandis que nous sirotions nos cafés cet après-midi, je me souviens avoir redemandé à Chris ce qu'il avait voulu dire par « voyager par besoin de mouvement. » Ça a eu l'air de l'agacer : « Peu importe ce que j'ai dit. J'ai dit ça comme ça. Pas besoin de se lancer dans des interprétations… » J'ai laissé tomber.

26 avril. Toujours à Rabat
J'ai l'impression que je commence à me dédoubler. Hier soir, au café de la casbah, une coupure de courant a plongé tout le quartier dans l'obscurité. Le patron lança un « Haaa ! » aussitôt repris par tous les clients qui firent grincer leurs sièges. Au même moment j'ai senti des picotements sur ma main. Lorsque la lumière est revenue – je suis si bouleversée que j'ai peine à l'écrire – le dessin sur ma main gauche s'était étendu jusqu'au poignet. Les picotements sont de nouveau semblables aux piqûres de puce, mais cette fois la coloration est bleutée et non plus rouge ! On dirait vraiment un tatouage… *Mais c'est un tatouage !* Mon Dieu ! Je n'ai qu'une envie : gratter avec mes ongles ces marques infernales ! Bien sûr, j'ai jeté un rapide coup d'œil autour de moi pour savoir qui pouvait bien m'avoir fait ça, mais personne ne semblait concerné et tous commentaient en riant la coupure de courant. Je me retournai et fixai l'homme qui se trouvait juste sur ma gauche. Était-ce lui ? Son compagnon lui fit un signe et l'homme se tourna alors vers moi : « Bonsoir, madame, fit-il poliment en me

toisant de la tête aux pieds jusqu'à ce qu'il comprenne que Chris existait. Puis-je vous aider en quelque chose ? » ajouta-t-il en français. « Non, dis-je, je ne voulais pas vous importuner. Veuillez m'excuser. »

Chris, comme toujours dans le brouillard, me demanda ce qui se passait. Heureusement, avec lui, les explications sont inutiles. Un haussement d'épaules suffit généralement à clore un incident.

Je trouve quand même incroyable que Chris n'ait rien dit sur ma première marque rouge. Serait-elle donc invisible ? Ou visible seulement de moi ? Serais-je devenue folle ? Un simple commentaire du genre : « Comment va ta main ? » aurait suffi. Mais tout le monde s'en fiche. Si j'abordais moi-même le sujet, il me faudrait donner des explications qui me feraient certainement passer pour une hallucinée. Eh bien, disons que c'est mon problème, mon secret et que ça ne regarde que moi. Voilà. Layesh, lui, connaît la signification de ce tatouage. Il me l'a dit, j'en suis sûre, mais je n'arrive pas à me rappeler… Je ne sais vraiment pas ce qui m'arrive. Tout ce qu'il me reste à faire est d'attendre et de voir comment les événements vont évoluer. Je vais de nouveau photographier ma main.

28 avril

Casablanca. J'ai mis ma montre à mon poignet droit pour ne pas tomber sur mon tatouage toutes les fois que je veux savoir l'heure. Nous sommes descendus dans un hôtel un peu vieillot, l'Excelsior. C'est un endroit à ne pas manquer. Il est assez bruyant, mais j'adore ses vastes rampes d'escaliers, ses salons feutrés et ses grandes chambres bien aérées.

Hôtels de Casablanca :
• Descendus à l'Excelsior mais se renseigner sur :

• Hôtel Splendide
10, rue Chouia
sans catégorie mais paraît correct

• Grand Hôtel
2**
89 rue Oued El Makhazine
Superbe et très calme

• Hôtel Royal
1*
13, rue Mohammed El Qorri
- catégorie moyenne

• Georges V
Avenue des F.A.R
2**
150 DH
Charmant réceptionniste

Découvert dans
la Galerie d'Agdal
à Casablanca
- rue Poincaré
près de la
Boîte de Nuit
Negresco

45 DH

* Pellicule n° 26
(400 ASA)

Immeubles Art Déco
à Casablanca
· Negresco
· Rue Nolly - apt.
· Apts. divers
· Sabir - balayeur

Env. photo

~~Sabir el Mokhtar~~
Sabir el Mokhtar
c/o Hôtel Excelsior
rue el Amraoui
Brahim, 2
Casablanca

Aujourd'hui, je me balade seule, tandis que Chris ira chercher les billets d'avion pour Tunis. J'aurais préféré voyager par le train, mais Chris ne veut pas perdre de temps. En fait, je n'ai pas envie de quitter le Maroc…

28 avril. Retour à l'hôtel
Pourquoi ai-je voulu me promener seule ? Je ne me sens pas bien. J'ai pansé ma main, j'ai une migraine à hurler et comme une blessure sur la tempe droite. Je dois écrire tout ça avant d'oublier. Je suis allée dans le souk au nord du centre-ville, un pathétique succédané de marché créé par les Français pour les touristes. Heureusement, tout autour on trouve de petits commerces qui répondent davantage aux besoins de la population locale et qui sont beaucoup plus intéressants. Là, on trouve des gens et des denrées originaires de toutes les provinces du Maroc. Les étals d'épices et de plantes médicinales m'ont laissée bouche bée : non seulement on y retrouve les peaux d'animaux déjà entrevus à Fès, mais on peut s'y procurer des lézards séchés, des têtes de gazelle, des bois de cervidés et des montagnes de cageots remplis de tortues vivantes. Et il y a des

dizaines de boutiques comme celles-là, les unes à la suite des autres, toutes à peu près identiques, et aussi fascinantes que répugnantes. Des gens se sont agglutinés autour d'un orateur et je me suis avancée pour entendre. Je suis restée là quelques minutes, comme les autres badauds, puis je me suis éloignée. De la politique ou quelque chose du même acabit. Soudain, un mouvement de foule m'a fait perdre l'équilibre et je me suis retrouvée plaquée contre la grille d'un magasin. Ma première réaction n'a pas été la peur, mais le souci de protéger mon appareil photo pour qu'il ne soit pas broyé contre le mur ou les barres de métal. Une autre ruée m'a coincé la main gauche qui a ripé contre le mur. C'est terrible d'être ainsi ballottée, sans défense. Puis je suis tombée et ma tête a heurté quelque chose. Un couple de femmes marocaines et un jeune homme se sont précipités vers moi pour me relever. Ils m'ont emmenée jusqu'à la pharmacie la plus proche où l'on m'a servi moult tasses de thé et refait un bandage qui a pris cette fois toute la longueur du bras.

* Pellicule n° ~~26~~ 25 27 (400 ASA)
  - Escalier de l'hôtel
  - Chambre (n° 34)
  - marché

ana - Je
enta (m) - tu/vous
enti (f) - tu/vous
huwa - il
heeya - elle
nous - hena
ntooma - vous (plur.)
huma - ils/elles

Voilà un cas typique où l'on se retrouve au mauvais endroit au mauvais moment. Le pharmacien m'expliqua que l'orateur était un *hadj* – encore ce mot –, qu'il prêchait et qu'il valait mieux que je m'éclipse.

Me voilà donc avec un pansement qui part des doigts et monte jusqu'au coude. Mon tatouage est quelque part là-dessous et ça me fait horriblement mal. Peut-être que le dessin sera parti avec la peau ?

Si seulement je savais ce qu'il signifie !..

29 avril. Marrakech Partis dès que nous avons pu. Casablanca est vraiment trop bruyante et trop sale. Une journée nous aura suffi. Heureusement, il y a beaucoup de trains pour Marrakech. Chris m'a demandé ce qui m'était arrivé hier en ville. J'ai répondu que je m'étais blessé la main au marché. J'ai le sentiment que je dois garder tout cela pour moi.

Nous nous sommes promenés dans les souks à Marrakech. Tout ce

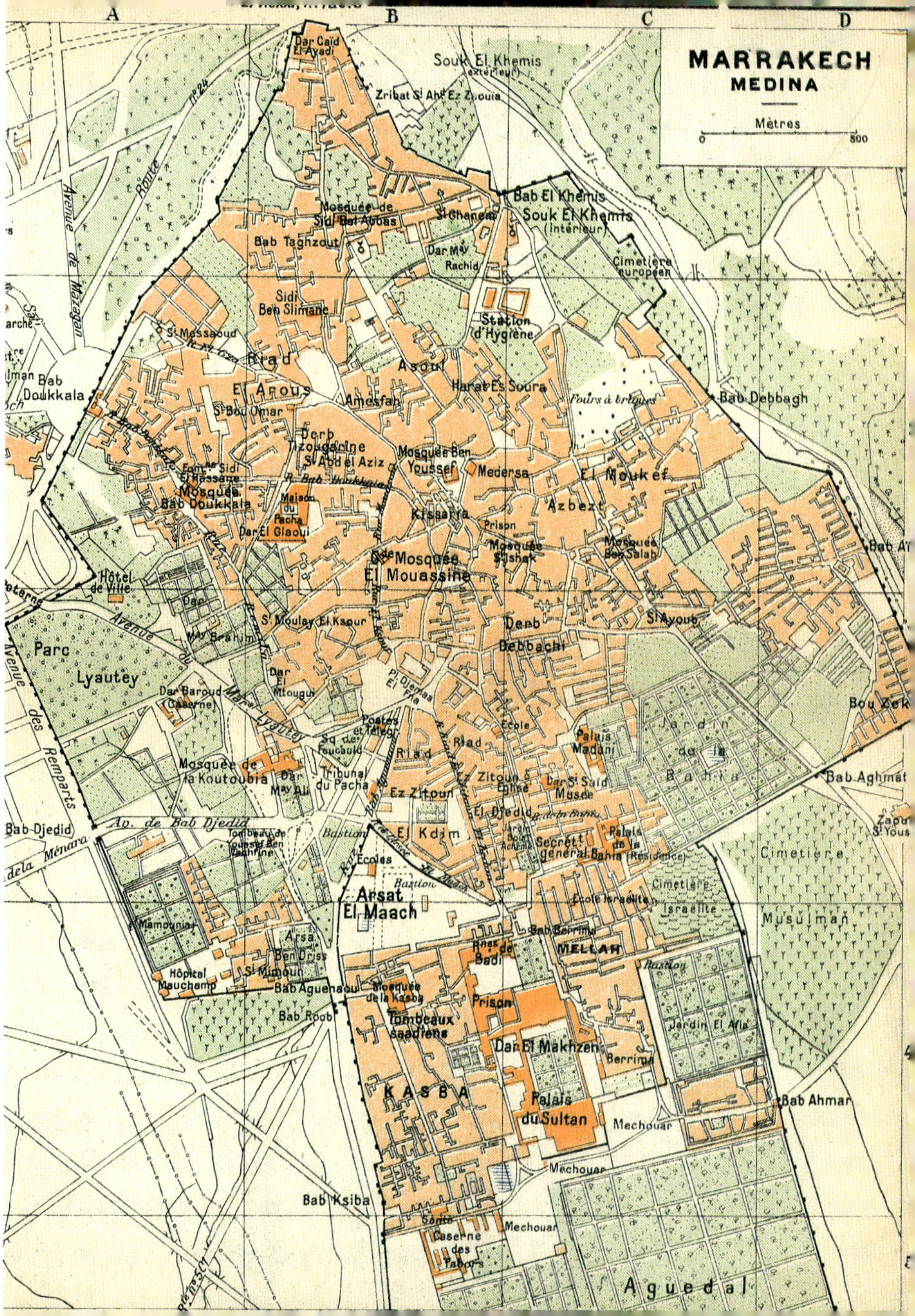

dont je me souviens, ce sont les écheveaux de laine colorée accrochés à des tringles pendues au plafond de chaque côté des allées. Ma main ne me lance plus, mais je sens monter une espèce d'engourdissement et ça me tracasse. Ça me gâche tout. Ce pays de lumière devient pour moi tout à coup une ténébreuse épreuve.

1er mai

J'ai défait les bandages – les marques sont encore plus étranges que je ne m'y attendais. Le tatouage s'est beaucoup étendu. Il remonte à présent le long du bras, presque jusqu'au coude. On dirait une sorte de carte géographique. Je vois comme des villes, des cours d'eau et des chaînes de montagne. Il y a aussi des yeux et des mains – des talismans qui éloignent le mauvais œil ? Quel mauvais œil ? Celui qui pourrait m'être lancé si j'avais l'audace d'emprunter la route indiquée sur cette étonnante carte ? C'est ce que m'a montré Layesh l'autre jour au café ; c'était ce qu'il essayait de me dire. C'était, paraît-il, un cadeau que je devais accepter, et non pas une menace dont il me fallait me protéger.

Je remets en place les bandages – comment expliquer cela à Chris ?

Je dois faire extrêmement attention car je veux à tout prix préserver cette fine pellicule qui s'étale de plus en plus sur mon corps.

2 mai

La « carte » s'étend de plus en plus. Je ne vois même que cela. Elle grimpe maintenant au-dessus du coude. Je passe l'après-midi dans ma chambre d'hôtel à regarder ces tracés insolites. J'ai besoin de réfléchir.

Je reste là à contempler ce dessin et ses ramifications. C'est beau et c'est affreux, on dirait que c'est vivant, comme des veines que l'on pourrait suivre à la surface de la peau. C'est comme si mon bras ne m'appartenait plus ! Il est devenu quelque chose d'autre que j'admire et j'étudie. Ce n'est plus un membre fonctionnel. D'ailleurs, je n'y attache plus ma montre. Ce bras est devenu trop précieux pour se charger de fonctions aussi triviales. Je n'ose même plus le toucher de peur de provoquer une nouvelle extension du phénomène. Objectivement, je dois admettre que le motif est vraiment très beau ; on dirait une carte tracée à partir de longues et héroïques explorations. Mais l'instant d'après, en me rendant compte que ce bras est *LE MIEN*, je suis prise de panique et de nausée.

Je voyage sans bouger ! Lorsque je tends le bras, je déploie la totalité du dessin. Et là, c'est le choc : je suis dans la carte et je voyage à une allure cinq ou même dix fois supérieure à la normale. Tout va très vite. Je passe en une seconde du désert à la ville, des plaines arides aux riches oasis. Le soleil reste fixé au zénith de nuit comme de jour, où que j'aille. Des nuées de mouches frôlent mon visage ; j'entends le bourdonnement aigrelet de leurs ailes. Elles sont parties. Je croise des foules de gens de toutes origines et des langues diverses, que je n'ai encore jamais entendues, chantent à mes oreilles. Des odeurs de viande grillée, d'épices, de sang et de poussière assaillent mes narines. Je me précipite vers des gares, des bus, je veux me rendre dans une ville que je connais ou connaissais jadis – une destination –, mais je me rue dans des bibliothèques où les millions de mots que je lis résonnent en moi, où les livres et les pages s'émiettent autour de moi, tombent en poussière et s'envolent dans les airs comme des papillons. Je traverse en courant les vastes cathédrales glacées de toute l'Europe et je sens mes os se raidir et s'effriter comme ceux des cadavres qui dorment sous leurs dallages. Je cours au bord de l'océan, transie par le froid et l'humidité du nord, épuisée par la chaleur et l'humidité du sud équatorial. Le sel attaque mes narines et poisse mes cheveux ; des créatures marines jaillissent des abysses et me suivent un moment avant de rejoindre les grands fonds, tandis que je retourne vers l'intérieur des terres. Je survole l'Afrique, remplissant au passage mes poches de graines et de fruits volés aux caravanes sans fin. Ces braves marchands me rejoignent un instant pour lire leur route mythique sur la carte de mon corps.

J'utilise un appareil photo que je ne sais pas faire fonctionner et je prends des clichés que j'ai déjà vus.

Je dessine la carte sur mon corps avec un crayon fin et d'une manière tellement délicate que j'en ai les larmes aux yeux. Des feuilles tendres émergent de la terre craquelée, là où mes larmes sont tombées. Je me sauve de crainte de voir mes larmes s'enraciner là.

Mais les larmes se transforment en vapeur et je me sens immobilisée tout à coup au sein d'une pièce sombre et profonde remplie de formes mouvantes – des femmes – enveloppées de brouillard et de la vapeur de mes larmes. Je suis allongée sur une immense dalle rugueuse. On me malmène et on me masse. J'entends une voix étrangère qui répète sans cesse : « On va te l'ôter, comme ça tu ne seras plus obligée de partir. » Je vois mon tatouage râpé, détaché de moi et roulotté sur le sol. Les femmes sortent des coins obscurs de cet antre infernal et se dirigent lentement vers moi. Elles se penchent, les bras tendus vers le lambeau de peau tatoué, et se rapprochent de moi. Soudain apeurée, je m'empare de ma propre chair, je pose un pied dessus, puis l'autre, je rentre dedans et l'étends sur mes épaules comme une pelisse, me recroqueville les bras à l'intérieur jusqu'à ce que je disparaisse complètement sous elle. Les femmes commencent alors à se lamenter et c'est là que je comprends tout. Je possède quelque chose qu'elles convoitent. J'ai été en quelque sorte choisie. Mais dorénavant, je suis quelqu'un qui choisit. En sécurité dans ma carte tatouée, je quitte les lieux rapidement. Ma dernière vision de cette caverne est l'image de ces femmes retournant au silence et aux ténèbres, tout enveloppées de la vapeur de mes larmes.

La carte couvre désormais mon corps tout entier. J'ai chassé deux mouches qui collaient à mes cheveux et léché le sel sur mes lèvres.

4 mai

Ai consulté des atlas tout l'après-midi d'hier à la bibliothèque française à la recherche de la carte de mon bras. Il faut croire qu'elle représente un endroit très, très ancien. Suis installée à la terrasse d'un café près du square pour lire les livres empruntés à

5ème APPELER LE CONSULAT ✓

APPELER LA POLICE? ✓

6ème

POSTE DE POLICE

JEMMA EL EFNA
PRÈS DU CLUB
MÉDITERRANÉE

APPORTER PHOTO
IDENTITÉ.

~~JOAPHAR~~
JOAFAR →

S'IL VOUS PLAIT
JE VOUDRAY PARLER
À HMID ABDALLAH
JE M'APPELLE " "
MON NUMÉRO DE
TÉLÉPHONE EST
QUATRE-
DEUX-
HUIT-
NEUF-
UN-
CINQ

JE NE
COMPRENDS
PAS

43-67-79
POLICE DE MARRAKECH
HMID ABDALLAH

CONSULAT-RABAT
77-13-75
13 ZANKAT
JOAFAR ESSADIK

CHARLES
PETTIFORD

ALLEN: FES 63-38-93

MESSAGE:
APPELER Mr MAURICE KOBILLARD
JOURNAL CASABLANCA PARIS
38-50-00

LAISSER TOMBER!

7 mai. Marrakech
Lydia a disparu. Elle n'est pas rentrée depuis le 4 mai.

8 mai. Marrakech
Toujours pas de nouvelles.
Ses affaires personnelles sont là, ses livres, son appareil photo. On a trouvé son journal et deux ouvrages empruntés à la bibliothèque dans un café. Le patron du café m'a reconnu et me les a confiés. Je lui ai laissé les deux bouquins dont je n'avais que faire. Elle n'a sur elle que son passeport, un peu d'argent et le billet d'avion pour Tunis que j'ai acheté à Casablanca. C'est incroyable ! Marrakech n'est pas si grand, que je sache. Tous les boutiquiers aux alentours de l'hôtel nous connaissaient – on ne peut pas se volatiliser comme ça !

Je suis allé à la police et j'ai téléphoné au consulat à Rabat. J'ai aussi demandé au type du consulat de confirmer ma déclaration auprès de la police. Les uns et les autres me conseillent, bien sûr, de ne pas quitter le pays pour le moment. Lydia est peut-être blessée, peut-être l'a-t-on enlevée, elle n'est pourtant pas du genre à se fourrer dans des situations pernicieuses. Ou alors, si c'est le cas, elle s'en sortira toute seule. Au consulat, on m'a dit que la police allait se renseigner auprès de tous les hôpitaux.

9 mai. Marrakech
Hier soir, j'ai compulsé le journal de Lydia au cas où je trouverais des indices expliquant sa disparition. Je n'y avais jamais mis le nez auparavant et j'ai eu un choc. Je n'avais jamais remarqué son

8 MAI
✓ • TROUVER PASSEPORT (OÙ DIABLE VAIS-JE DÉGOTER ÇA !)
• D'AUTRES PHOTOS
• UN INTERPRÈTE ?
VOIR À L'OFFICE DE TOURISME. UN GUIDE POURRAIT CONVENIR...
• INFOS SUR LES VOLS ✓

• AVION POUR TUNIS
N° 1175
AÉROPORT MOHAMMEDIA
dep 12 h 15
ROYAL AIR MAROC

« tatouage » sur la main. En fait, je pense qu'elle divague. Lorsqu'elle est revenue de sa balade à Casablanca avec une main bandée, elle m'a affirmé qu'elle s'était écorchée contre un mur. Ça ne devait pas être trop grave.

Certaines de ses phrases ne me font pas vraiment plaisir. Serais-je vraiment un monstre d'« arrogance » ? Cette seule idée me démoralise. Nous nous connaissons pourtant bien et depuis longtemps ; ne peut-elle pas comprendre que mes silences ne sont que l'expression d'une approche personnelle du vrai et du satisfaisant ?

La police m'a demandé si elle avait laissé une adresse, des notes ou des allusions qui pourraient les mettre sur la voie, mais je ne peux décemment pas leur confier son journal intime. Ils penseraient qu'elle est bonne à enfermer.

UN AUTRE MESSAGE
DE ROBILLARD
À CASA
PARIS

10 mai. Toujours à Marrakech
Je crains de devoir rester quelques jours de plus ici. J'ai l'impression de devenir enragé. Les autorités ne veulent pas que je bouge au cas où elle réapparaîtrait. Je pense qu'il s'agit plutôt de formalités administratives déguisées. Les flics ont par ailleurs averti les compagnies maritimes et les aéroports marocains dans le cas où elle se présenterait à un de leurs guichets. Ils voulaient aussi savoir si on s'était disputés ou si du moins un désaccord quelconque nous avait opposés. Tout ce que je sais, c'est qu'elle n'était plus tout à fait elle-même depuis Casablanca.

Je leur ai donné la liste des hôtels où nous avons séjourné et des gens que nous connaissons ici, comme Allen et Abderrahman.

Je tourne en rond. Je la cherche partout, pendant des heures. Je passe tous les après-midi à la terrasse du dernier café cité dans son carnet. Je ne supporte pas la façon dont les serveurs tournicotent autour de moi et me flanquent des tapes dans le dos.

11 mai
La police a laissé un message à la réception. Faut que je passe les voir – peut-être des nouvelles.

Un peu plus tard
Rien de nouveau. Juste un rapport selon lequel deux livres ont été trouvés dans un café au-dessus du square de Djemaa el-Fna et retournés à la bibliothèque française où on me demande de me rendre pour vérifier si ce sont bien les livres que Lydia a empruntés. J'y suis allé – ça m'a fait passer le temps. Je n'ai rien pu dire ; je n'avais pas vraiment fait attention à ce qu'elle bouquinait. C'était en tout cas de gros livres de géographie sur le Maghreb. Intéressants au demeurant. Avec de grandes cartes anciennes et le relevé des niveaux des fonds marins et des dépôts de schiste argileux ! Si c'était là les livres qu'elle affectionnait, je me demande bien ce qu'elle espérait y trouver. Je suppose que le serveur du bar n'a pas dit aux flics qu'on avait d'abord essayé de me les refourguer.

Je me suis tout de même demandé comment Lydia avait fait pour obtenir ces bouquins à la bibliothèque. Je n'ai pas l'impression que c'est le genre d'endroit qui laisse sortir ce type d'ouvrage facilement. J'ai donc questionné le bibliothécaire. Il a hoché la tête et m'a déclaré

Le passé est gravé et le futur dessiné sur ma chair aussi sûrement que dans mon esprit.

qu'il avait le regret de m'informer que « la dame » avait tout simplement « embarqué » les livres sans en informer personne ! Elle les avait mis sous son bras et elle était partie. Oublier dans un café des ouvrages d'une telle valeur ! Entre les pages d'un des volumes, j'ai trouvé une note de Lydia que j'ai récupérée discrètement.

La police estime que je ne suis guère coopératif. Elle ne sait plus trop quoi penser des relations que j'entretenais avec Lydia.

15 mai. Casablanca

La police m'a suggéré de revenir ici au cas où Lydia voudrait elle-même s'y envoler pour Tunis. Me revoilà donc à l'Excelsior. Je pense qu'ils voulaient se débarrasser de moi et mener leur enquête sans m'avoir sur le dos. Ici, c'est l'enfer. Le patron ne cesse de me demander où est madame. J'ai beau lui répéter qu'elle me rejoindra un peu plus tard, il n'en croit rien dans la mesure où la police est déjà venue plusieurs fois. Bref, tout le monde est au courant. Je reçois donc cent fois par jour des appels de la direction me demandant sur un ton gentiment sucré si je n'ai besoin de rien, si on a des nouvelles de madame, ou bien pour m'avertir d'un message urgentissime avec peut-être des nouvelles fraîches…

Tout le monde ici semble savoir quand Lydia reviendra, quand nous partirons… sauf moi, bien sûr. Pas plus tard qu'hier le balayeur m'a rappelé qu'elle lui avait promis de lui envoyer un double de la photo qu'elle avait prise de lui. En tournant les pages de son journal, je découvre que Lydia s'est donné des tonnes d'obligations, comme écrire ou envoyer des clichés, et qu'elle garde le contact avec une foule de personnes dont je ne me souviens même plus.

J'aimerais bien changer d'hôtel, mais elle pourrait chercher à me joindre ici. Je ne crois pas à un enlèvement ou à un accident. Dans ses réflexions, elle semble certaine de se trouver au bord de quelque chose – c'est d'ailleurs ce qui me fait penser qu'elle est partie de son plein gré. La police a aussi suggéré qu'elle aurait pu être victime d'un acte crapuleux, mais ça me surprendrait. Les touristes, m'a-t-on dit, sont en parfaite sécurité au Maroc. Et je veux bien le croire.

Plus tard dans la journée
Bureau du consulat. Ils reçoivent en permanence des informations des compagnies aériennes – le billet d'avion n'a pas encore été utilisé. Nous devions quitter le pays le 25 mai prochain. Jusque-là les autorités surveillent tous les aéroports.

La police m'a signalé que l'adresse que Lydia avait notée pour le Café Métropole à Fès, sur le boulevard du Quatrième-Tirailleurs, n'est plus valable car le nom du boulevard a changé en 1956. Je me souviens à présent qu'elle avait mentionné ce fait. Elle a écrit que le dénommé Layesh, qui se prétendait le patron du café, avait lui-même noté l'adresse en question. Et je me rappelle aussi cette conversation bizarre que nous eûmes avec Abderrahman, où elle affirmait avec insistance qu'il

UNE ÉTRANGÈRE A DISPARU

MARRAKECH

La police de Marrakech a signalé la disparition d'une étrangère s'appellant Lydia Usher. Elle voyageait avec son ami, Christopher Ward, quand elle a disparu le 5 mai.

Voici son signalement : agée de trente ans, taille 1,60 m, yeux marrons, cheveux courts et bruns. La dernière fois qu'on l'a vue, elle portait un gilet bleu brodé, des sandales et des blue-jeans. Ses effets personnels sont restés à l'hôtel.

La police a retracé sa route le 5 mai et a découvert qu'elle avait visité la Bibliothèque Française, av Mohammed V, pendant la matinée, et qu'ensuite elle

(suite page 2, col 3)

était restée longtemps au Café Agdal à Djemaa el Fna. Le garçon de café a déclaré qu'elle avait passé son temps à lire.

Jusqu'ici aucune malveillance n'est soupçonnée. M Ward restera au Maroc encore quelques semaines en attendant des nouvelles de son amie.

Si vous avez quelques renseignements au sujet de cette femme, appelez la police de Marrakech à 67-79 ou venez au bureau à Djemaa el Fna. L'anonymat sera respecté.

M.R.

…oix d'outre-tombe

…ral Leclerc

LE TYPE DE LA RÉCEPTION M'A DONNÉ ÇA CE MATIN. C'EST CE QUE ROBILLARD VOULAIT.
ON NE PEUT MÊME PAS DATER.

s'agissait bien du patron. Sur le moment, j'ai bien cru qu'elle n'allait pas en démordre.

17 mai. Toujours à Casablanca

Hier, j'ai appelé Allen pour lui annoncer la disparition mystérieuse de Lydia. Il avait déjà été contacté par la police et me proposait de le rejoindre à Fès pour quelques jours. Je vais aviser.

Je me dis qu'après m'avoir tant titillé à ce sujet, Lydia est enfin parvenue à ses fins : me voilà en train de tenir mon journal !

18 mai. Casablanca

Le billet d'avion n'est toujours pas enregistré. Il me faut donc attendre encore. Autant aller à Fès. J'ai le sentiment que plus rien ne me retient ici désormais – comme si le fait de disparaître était un message de Lydia m'invitant à quitter la place. Je tue le temps, je dépense des sous. Avec son appareil photo, je prends sans conviction quelques clichés. J'ai trouvé dans ses affaires un monceau de pellicules qui attendent d'être développées. Je sais qu'elle n'a pas confiance dans les laboratoires photo d'ici, le mieux est de les donner au retour – ça représente d'ailleurs une petite fortune ! Suis allé jusqu'au port, puis balade dans la médina tout l'après-midi. Je m'ennuierais moins à Marrakech.

Je deviens dingue. Si c'était une mauvaise plaisanterie de sa part ? Elle a un sens de l'humour spécial. Une fois, elle m'a bien fait envoyer un « télégramme officiel » m'enjoignant de me présenter pour le service militaire !.. Et merde ! Rien ne m'oblige à rester ici. Elle fait ce qu'elle veut, après tout ! Bien sûr, il y a cette histoire de carte et ça, ça m'agace.

تصريح بضياع

اشهد انا السيد اكريسطوفير ورد بالاشارة الى فقدات او ضياع السيدة ليديا أوشير مالبالغة من العمر 30 سنة من جنسية اجنبية وذلك ما بين 3-4-و5 مايو بمدينة مراكش.

ان هذا الاقرار هو تصريح معللا بافعال تتعلق بفقدان السيدة المذكورة صحيحة ولا مجال الشك فيها . ولقد صرح بذلك الى السلطة المغربية .

امضاء .... التاريخ ....

بمدينة ....

LE DOUBLE DE MA DÉCLARATION À LA POLICE APRÈS LA DISPARITION DE LYDIA.
"POUR MES ARCHIVES"

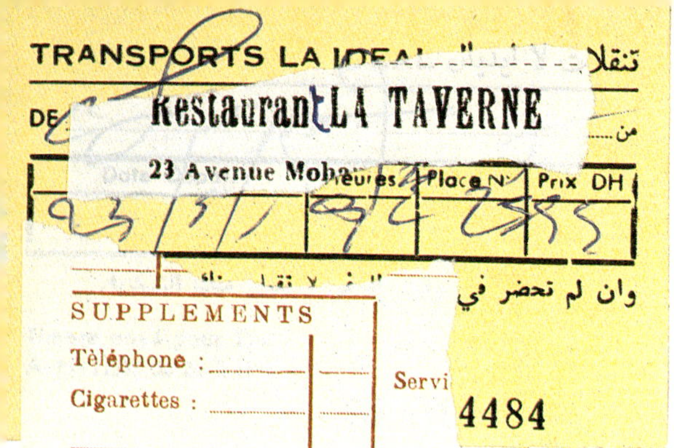

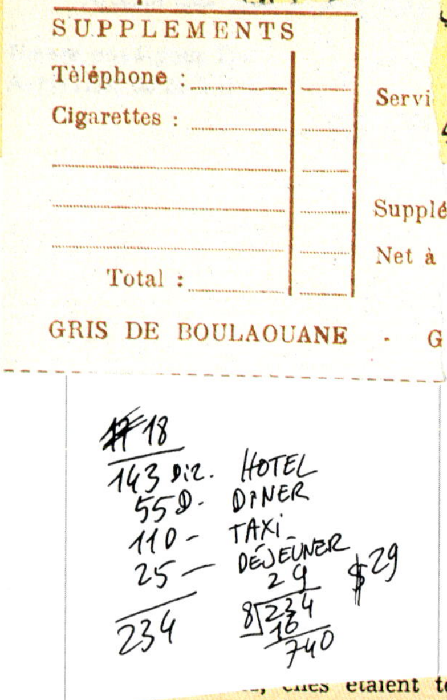

Peut-être en avait-elle marre de voyager avec moi – elle ne se privait pas de l'écrire dans son journal – et elle a cru bon d'éviter de me le dire en face en prenant tout simplement la tangente. C'est plutôt salaud de sa part. Nous avons toujours bourlingué ensemble ; en fait, ni elle ni moi ne pourrions nous passer l'un de l'autre.

À moins que ?.. Mais pourquoi, bon sang ? Où diable a-t-elle bien pu aller, où s'est-elle planquée ?

19 mai
Ai testé un nouveau restaurant hier soir – pas terrible. Après déjeuner, je pars pour Fès.

20 mai. Fès
J'essaie de prendre les choses le mieux possible et de me départir de ma hargne envers Lydia. Allen m'a accompagné au Métropole et nous avons revu Abderrahman qui a demandé de ses nouvelles. Il semble sincèrement perturbé par ces événements, comme si c'était sa faute, surtout depuis que la police l'a interrogé sur le fait qu'il aurait donné à Lydia une fausse adresse de son établissement. Il m'a juré qu'il n'avait jamais rien écrit dans le journal de Lydia, en dépit de ce qu'elle y affirmait. Je lui montrai le texte en question (je garde sur moi le journal comme une sorte de talisman) et il blêmit. Le nom évoqué – Layesh – est celui de son père ! Et il confirma ce que Lydia avait découvert, à savoir que l'adresse mentionnée était effectivement l'ancienne

adresse du café ! Nous sommes à présent invités chez Abderrahman pour montrer le journal à sa mère. Comme le père est décédé depuis longtemps, la pauvre femme risque d'être très émue en reconnaissant le nom de son défunt mari dans le journal d'une touriste. Allen et moi nous rendons donc chez Abderrahman à Fès el-Djedid. Tout cela me paraît très confus.

Plus tard dans la nuit
Eh bien, voilà qui est étrange. Nous avons donc rencontré la famille d'Abderrahman – sa femme, ses deux enfants et sa mère. Je ne m'attarderai pas là-dessus – je ne suis pas comme Lydia. J'ai tendu le journal à notre ami qui l'a montré à sa mère. Aussitôt, elle est allée chercher des bouts de papiers – lettres, additions ou autres – pour comparer les écritures. Le résultat – mon Dieu ! Que de cris et de lamentations ! Heureusement qu'Allen était là, car j'ai dû littéralement me bagarrer pour récupérer le cahier que la pauvre femme essayait de mettre en pièces. Abderrahman tentait de calmer sa mère tandis que je m'agrippais à mon bien comme un forcené. Heureusement, Allen veillait à ce que je ne commette pas de gaffes irréparables. Pour couronner le tout, devant cet étonnant pugilat, les gamins se sont mis à hurler tandis que la femme d'Abderrahman vociférait pour les faire taire ! Finalement, j'ai pu mettre le journal à l'abri dans la poche intérieure de mon veston. Abderrahman nous accompagna jusque sur le palier en nous priant d'attendre là un petit moment. J'avais envie de ficher le camp sans plus attendre, mais Allen me rappela qu'il devait vivre ici encore une année. Donc nous

ABDERRAHMAN BOUSSALEM
DARB MOUSSA, #15
FES EL JEDID, FES

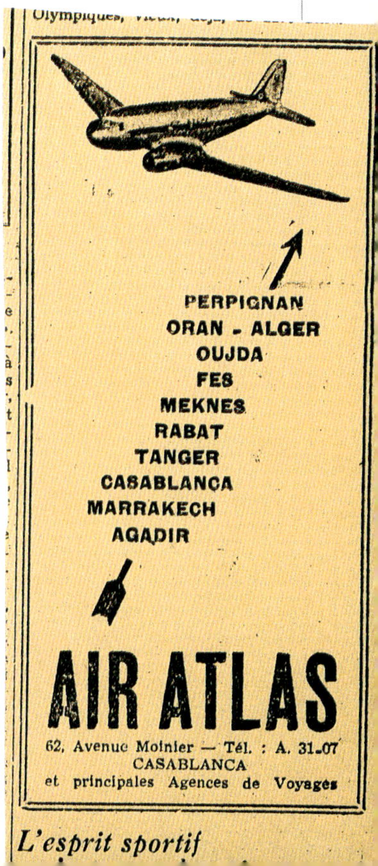

20 ème

156 – HÔTEL
120 – CAFÉ
15 TAXI
80 – DINER
20 – SANDWICH

283 $35 – ?!

8 | 283
24
43

attendîmes. Les cris dans l'appartement se calmèrent, mais bien après que tous les voisins se furent pointés pour demander ce qui se passait. Il me semble qu'Allen parle bien l'arabe, bien qu'il prétende le baragouiner. En tout cas, tout ce qu'il dit intéressa vivement son auditoire. Nous nous retrouvâmes bientôt sept ou huit sur le palier à palabrer dans la pénombre.

Abderrahman nous a rejoints dans le corridor, a salué ses voisins et nous a raccompagné en voiture dans son café sans cesser de parler dans son sabir franco-arabe qu'Allen tentait par bribes de me traduire en anglais. Pas une demi-seconde de silence !

Abderrahman répétait comme un moulin à paroles ce que nous avions déjà dit cent fois au café. Il avait apporté avec lui les documents qu'avait retrouvés sa mère. Je regardai ces lettres attentivement. Je ne savais quoi dire. Les écritures pouvaient en effet être les mêmes, mais cela était tout simplement et logiquement impossible, voilà tout.

Allen pense avoir quelque idée sur toute cette affaire, mais il aimerait d'abord jeter un coup d'œil sur le journal de Lydia. C'est ça, avec le beau paragraphe qui t'es dédié ! J'ai prétendu que c'était trop intime et que Lydia m'arracherait les yeux si elle apprenait que je livrais ses secrets à la foule. Allen m'a tanné le cuir toute la journée avec ça. Mais quand allait-il enfin me lâcher les semelles ? Jamais. Ce seul mot – « intime » – lui avait fait l'effet d'une bombe. Il voulait absolument lire le carnet de Lydia.

Allen me parle sans arrêt de ma relation avec Lydia : mariez-vous, ou bien revivez ensemble, ou bien séparez-vous pour de bon. Il trouve que cette amitié n'est pas claire. D'après lui, je n'ose pas m'engager, je suis un irresponsable. Il ne lui vient pas à l'idée que Lydia est à l'origine de cette situation. C'est elle qui a toujours organisé notre existence, nos voyages, aussi bien lorsque nous vivions ensemble qu'à présent que nous habitons séparément. Mais c'est de l'histoire ancienne. À quoi bon revenir en arrière ?

Allen me talonne à présent pour que je joue les détectives. Pas question ! Après le 25, je fais ma valise. Mystère ou pas, tout ce que je sais, c'est que Lydia ne sera pas dans l'avion. Elle est partie, point final.

Abderrahman m'a proposé de garder avec moi une lettre de son père. Il a même beaucoup insisté. Mais j'ai refusé en lui certifiant que j'étais convaincu qu'il s'agissait bien de la même écriture. Qu'aurais-je pu faire de ce document – le montrer à la police comme preuve qu'un mort avait kidnappé Lydia ? Abderrahman m'a confié qu'il avait 7 ans quand la lettre fut rédigée, en 1941. Il a donc 57 ans aujourd'hui, et sa mère 75 – j'ai honte quand je repense à cette scène où je me suis battu comme un chiffonnier pour récupérer mon bien. Abderrahman a ajouté qu'il avait 9 ans quand son père a disparu. Tout le monde a dit qu'il était mort, mais personne n'a jamais pu vérifier. Ils ont passé des annonces dans la presse marocaine et française, en vain. Finalement, en 1950, ils ont organisé une cérémonie commémorative. Il m'a proposé de l'accompagner au cimetière pour me montrer la tombe, mais j'ai décliné son invitation. Tout de même, ça ne peut pas être le père d'Abderrahman qui a signé son nom sur le journal de Lydia. Même s'il était encore en vie, il ressemblerait plus à un fossile qu'à cet homme distingué d'âge moyen que nous avons croisé à Tanger. Je n'y comprends rien – vivement chez moi !

21ème

TÉLÉGRAMME À RABAT — 15 DH
PLANTE VERTE 10
CAFÉ 20
TAXI 10
POURBOIRES 10
HÔTEL 156
DÉJEUNER 40
261

$32
8)261
24
21
16
50

2 TAPIS — $225
LAMPE $56
FRAIS D'ENVOI $40
EMBALLAGE $5
$326

TAPIS $112
x 6
$672
SFLL $750

21 mai

J'ai demandé à Allen comment m'excuser de ma conduite auprès de notre ami. Suis allé au Métropole ce matin avec une jolie plante verte.

Abderrahman, magnanime, accepta avec joie mon cadeau et me réinvita à dîner pour le soir même en disant que sa mère aussi était extrêmement embarrassée et qu'elle souhaitait me présenter ses excuses. Il me pria de venir avec Allen. Je suis resté assis devant une tasse de café et j'ai passé un délicieux quart d'heure à observer Abderrahman virevolter entre les tables, houspiller les serveurs, bavarder avec les habitués, se précipiter sur la terrasse pour chasser des gamins importuns, etc. Tout ça avec ma plante verte sous le bras ! J'apprends au passage qu'il connaît un couple d'antiquaires que je n'avais encore jamais rencontré. Je termine la journée avec eux à cocher les derniers articles sur ma liste d'achats. Après cela, je n'aurai vraiment plus rien à faire dans ce pays.

21 mai. Plus tard

Le consulat m'a demandé de repousser mon départ jusqu'au 28 pour qu'ils aient le temps de remplir toutes les formalités au cas où Lydia ne reviendrait pas.

Je retrouve Allen au Métropole à 19 heures. Nous nous rendons ensuite chez Abderrahman.

22 mai. Casablanca

La soirée d'hier fut moins mouvementée que la dernière fois. Nous avions tous à cœur de faire meilleure impression ! La mère d'Abderrahman s'excusa, je m'excusai, nous nous serrâmes tous chaleureusement la main, même Allen. Après le dîner, la mère me questionna de nouveau sur le journal de Lydia. Je le sortis de ma poche et le tendis à Abderrahman. Abderrahman me pria de l'ouvrir à la page exacte, ce que je fis. Il le montra à sa mère, qui s'était recroquevillée sur un des divans du salon minuscule. Nous étions tous collés les uns aux autres tellement la pièce est exiguë, mais cela ne semblait gêner personne. La mère avait ramené ses genoux sous son menton tel un bouclier et elle tenait dans son giron un coffret en marqueterie rempli de paperasses. Elle relut sur le journal le nom et l'adresse, hocha la tête, sortit de son trésor une lettre et, au lieu de se remettre dans tous ses états, nous gratifia d'un large sourire. On aurait dit qu'elle venait de recevoir un merveilleux cadeau. Elle se leva avec difficulté et, tout en tenant sa boîte en bois, vint se pencher vers moi au-dessus de la table qui était au centre de la pièce et articula quelques mots – Allen me dit qu'elle me bénissait. Puis elle traversa la pièce et vint prendre ma main dans la sienne, une petite main fine et desséchée, me la pressa doucement puis s'éloigna en portant sa main à ses lèvres puis à son cœur.

Elle quitta ensuite la pièce.

Elle revint au bout de cinq minutes avec une petite photographie où l'on voyait son mari et un autre homme, tous deux en costume traditionnel. Layesh était celui de droite. La photo datait de 1942, l'année de sa disparition.

Il ressemble assez à l'homme que nous avons vu à Tanger – mais tous les Méditerranéens de belle allure et d'âge moyen se ressemblent

22ème

HOTEL	156
DÎNER AVEC ALLEN	114
TAXI	10
DÉJEUNER	40
	220
CAFÉ	15
	235

$ 30
8 ⟌ 235

TOILE (VICTORIENNE) $80
CADRE EN CHÊNE (ABIMÉ)
RECOLLAGE/DORURE $50
→ Signé A. MAUSSON '83
$130

VENDRE À $500? → WILSON? KHILHANE?

un peu. Le fait de porter un costume européen change généralement beaucoup de choses. De toute façon, tout cela est ridicule. L'homme que nous avons rencontré ne pouvait pas être Layesh, le père d'Abderrahman, même s'il portait le même nom. Je rendis la photo, mais la vieille femme gesticula pour me faire comprendre que je devais la conserver. Bon, je l'ai gardée – un souvenir, je suppose, à coller dans le journal. En revanche, je lui ai rendu la lettre.

Je me demande ce que tous ces gens peuvent bien penser de la situation. On dirait qu'ils admettent comme quelque chose de naturel qu'un lien puisse exister entre un membre décédé de leur famille et une étrangère de passage. Je posai la question à Allen qui resta muet.

Je n'aime pas toutes ces discussions avec les gens – j'espère que Lydia se rend compte de ce qu'elle me fait endurer !

25 mai. Casablanca
Quelques heures avant de me rendre à l'aéroport. Impossible de prendre un billet pour Londres sans avoir tiré au clair l'incident de cet après-midi. L'attaché du consulat me trouve plutôt « relax » – il m'a déjà sorti ça la veille. Il a justifié cette opinion en disant que dans ma situation, il y en a qui s'affoleraient ! Tandis que moi… Je suppose que pleurnicher en public est un plus sûr moyen de s'attirer des sympathies et de faire activer les choses, mais je trouve ça médiocre. Médiocre et vulgaire.

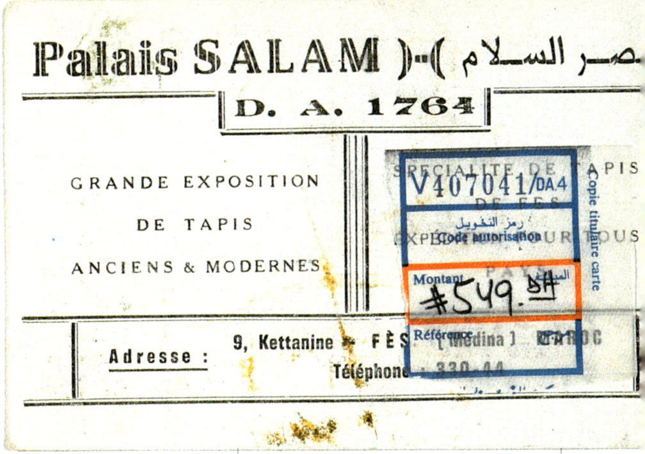

Un peu plus tard
Voilà, c'est décidé. Toujours pas de nouvelles, mais ça je m'en serais douté. J'ai retenu une place sur le prochain avion pour Londres et de là retour à la maison à Vancouver. Aucune raison de s'attarder ici.

26 mai
Ai téléphoné à Allen pour lui dire au revoir. Il a bien sûr essayé de me retenir. Il ne comprend pas que je ne trouve rien à faire ici et que la seule chose qui ait pu me retenir était l'espoir irréaliste de revoir Lydia. Je suis donc allé remplir les formalités au consulat et à la police. Après bien des tentatives où la ligne fut constamment coupée, j'ai aussi appelé la police de Marrakech pour les remercier de tous leurs efforts. Si les événements n'étaient pas si pénibles, j'aurais rigolé des avatars liés aux télécommunications marocaines et de mes hurlements en français dans le combiné. Mais j'avais vraiment le cœur gros. Je ne me sens pas en harmonie avec ce pays qui me laisse froid. Je ne sais pas, mais peut-être avais-je malgré tout la sensation que tout espoir n'était pas perdu, même si cela pouvait paraître désormais insensé. C'est peut-être pour cela que je me sens comme écrasé à présent. À vrai dire, je ne sais pas ce qui est le pire, de penser que j'aie été abandonné, ou que Lydia soit morte.

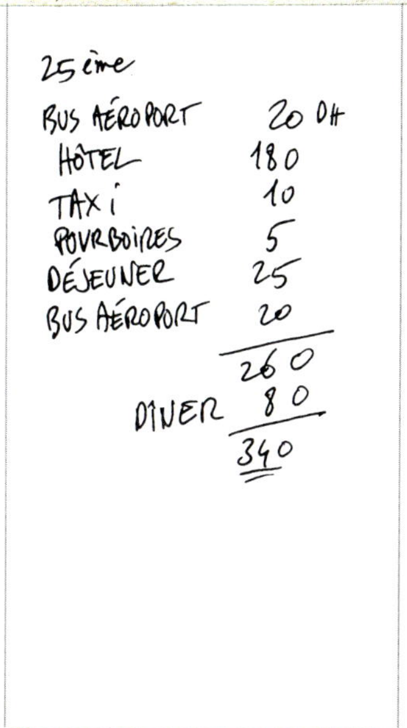

27 mai
Je me sens un peu mieux aujourd'hui. J'essaie de voir ce

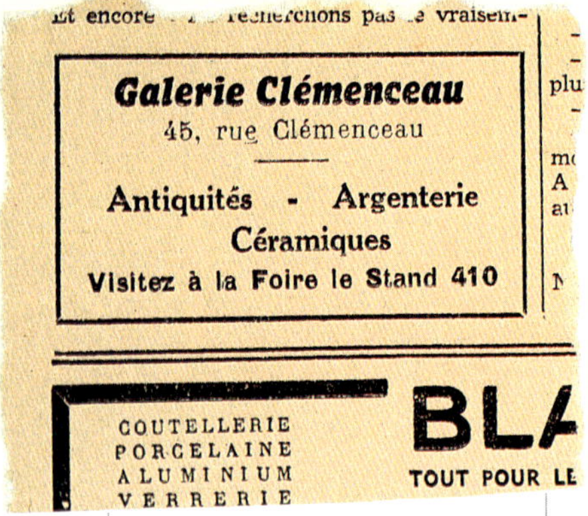
Galerie Clémenceau
45, rue Clémenceau
Antiquités - Argenterie
Céramiques
Visitez à la Foire le Stand 410
BLA
TOUT POUR LE
COUTELLERIE
PORCELAINE
ALUMINIUM
VERRERIE

26ème
L.D. 2/2 DH
HOTEL 180
DÉJEUNER 40
L.D. 15
L.D. 12
JOURNAL 7
DÎNER 80
344

PALAIS ES-SEBA
RUE DES FRÈRES
(PAS D'ENVOI)
CADRES VIEILLIS
×3 = $ 78.00
CAGE À OISEAU = $ 24.00
TUILES $ 6.00 × 8 = $ 48
TOILE (1924) (HUILE) $ 124.00
$ 274

que je pourrais bien éviter de rapporter – car j'ai à présent deux lots de bagages. Je vais expédier avec mes achats ce que je ne pourrai pas prendre avec moi. J'ai trouvé presque tout ce qui figurait sur ma liste, à l'exception de deux objets. C'est du beau travail pour un seul voyage.

Dernière minute : un message de la police de Marrakech. Ils ont égaré la photo de Lydia : pourrais-je leur en envoyer une autre ? Je regrette, ce sera depuis chez moi, au Canada. Pourvu que je n'oublie pas !

28 mai. 11 heures
Dans l'avion. Destination : Londres. Ils sont dingues. Ils font monter les fumeurs en priorité, car ils sont censés remplir l'arrière de l'appareil ; ensuite les non-fumeurs, qui se ruent sur les sièges à l'avant de la cabine. Alors, des types comme moi qui estiment que la bousculade est un comportement indigne se retrouvent fatalement dans les derniers rangs des non-fumeurs, c'est-à-dire juste devant les fumeurs !

C'est la première fois que j'ai l'occasion d'examiner de près la photo que m'a remise la mère d'Abderrahman. C'est de toute évidence un cliché de studio du genre « populations autochtones » avec arrière-plan évocateur, exotisme et tout le bazar. Layesh était vraiment un très bel homme. J'ai appris qu'il avait ainsi souvent posé pour les photographes locaux qui vendaient des cartes postales aux étrangers et lui versaient un petit revenu. La mère d'Abderrahman avait ri en montrant les costumes et les avait qualifiés d'« algériens » sur un ton méprisant.

Sous les deux personnages, quelqu'un avait soigneusement écrit leur nom en lettres latines. J'ai glissé cette photo dans le journal.

Je n'aurais jamais cru que le fait d'écrire un journal devienne une obsession. J'ai le sentiment étrange que tout ce que j'oublie d'y consigner ne s'est pas réellement produit.

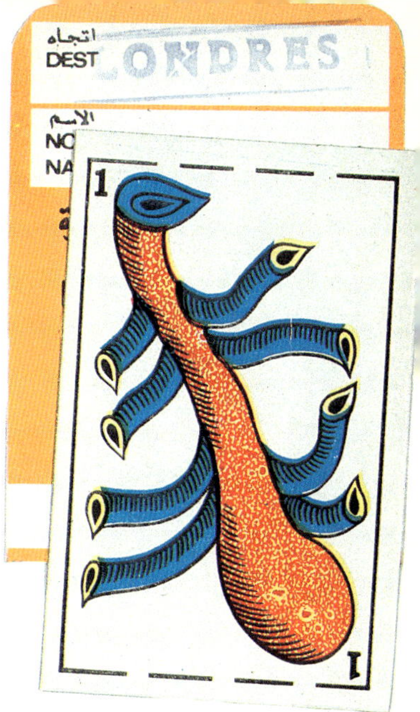

3 juin. Vancouver
De retour chez moi. Je devrais continuer le journal car tout n'est pas terminé, loin de là. Il m'a d'abord fallu expliquer à tout le monde ce qui s'était passé. On m'a reproché – à juste titre – de n'avoir prévenu personne, surtout ses parents. Mais comment leur dire qu'ils auraient bien été les dernières personnes à qui Lydia aurait demandé de l'aide ? Pas une fois, durant les années où nous avons vécu ensemble, ses parents ne se sont inquiétés de savoir où nous nous rendions et ce que nous allions y chercher. Au retour d'un voyage qui avait duré trois mois, sa mère avait simplement dit : « Comment, vous étiez donc partis ? » Tout cela est autant la faute de Lydia que celle de ses parents. C'est moi qui pensais à envoyer des cartes postales à sa famille ! Je soupçonne d'ailleurs que ses parents ne les lisaient même pas. Cela ne semblait pas trop tourmenter Lydia. Elle se faisait des amis partout où elle allait. Ils étaient sa vraie famille. C'est pour cela que je n'ai pas trouvé utile de les affoler en leur parlant de la disparition de leur fille. Mais à présent, c'est-à-dire trois semaines après les événements, j'ai le sentiment de m'être comporté comme une canaille. Je me pose sans arrêt la question de savoir si je n'aurais pas dû rester là-bas. Je pense m'être un peu déchargé de ce poids insupportable en déclarant aux parents de Lydia que j'allais retourner au Maroc pour savoir où en étaient les recherches.

Son père s'est proposé de m'accompagner, mais je l'en ai dissuadé, pour le moment du moins.

J'ai passé la soirée d'hier avec les parents. Nous avons feuilleté le journal, regardé les photos, les lettres, les livres. Rien qui nous donne la moindre information solide. Ses parents eux-mêmes sont incapables de m'apporter des précisions sur le genre de vie que menait ordinairement Lydia, aussi étaient-ils à cent lieues de pouvoir comprendre ce qui avait bien pu se passer. Je leur ai montré la collection de souvenirs hétéroclites qu'elle avait réunis au cours de ce dernier voyage – dans une grande enveloppe elle avait entassé des morceaux de poterie cassée, divers papiers genre notes d'hôtel, bref, un vrai bric-à-brac ! Ils m'ont demandé en riant depuis quand elle avait cette manie. Ils ont hoché la tête mélancoliquement lorsqu'ils ont découvert qu'elle avait toujours fait cela, même du temps où elle était écolière – et ils ne s'en étaient jamais aperçus. Je demandai à la mère de Lydia quand elle s'était rendue pour la dernière fois chez sa fille et elle m'avoua qu'elle n'y avait seulement jamais mis les pieds. J'eus soudain l'idée de l'y emmener pour qu'elle se rende compte de quel personnage insensé et charmant est sa fille. Et puis je me suis ravisé. Je ne peux pas prendre en charge toute la famille.

Je suis en train de relire le journal – Lydia était, est, une sacrée garce, tout de même ! Elle a écrit noir sur blanc que j'avais lavé ses vêtements pour nous débarrasser des puces. Elle n'a *pas* écrit que je lavais *toujours* ses vêtements ! Un jour, c'était en hiver, nous nous sommes donné rendez-vous à Paris. Elle revenait d'un périple d'un mois en solitaire à travers l'Italie et la France. Il faut bien le dire, elle sentait mauvais. Elle ne s'était lavée qu'une ou deux fois durant tout ce voyage. Son excuse : « Il faisait trop froid pour se déshabiller ! » Et quand je dis « mauvais », c'est un euphémisme !

Demain, j'irai porter tous ses rouleaux de pellicule au labo. Il y en a bien une vingtaine en noir et blanc – toutes utilisées au cours de ce dernier mois au Maroc. La photographie ne me passionne pas particulièrement, mais dans le cas présent, je suis impatient de voir les résultats.

Une énorme pile de courrier m'attendait chez moi. Généralement, quand je reviens d'un long voyage, la première chose que je fais est de trier le courrier. J'ai la technique et j'en suis fier. Cette fois-ci, il y avait un tas de pubs et d'idioties. Je déteste ça. Un rapide coup d'œil sur le reste, en retenant ma respiration chaque fois que je tombe sur une enveloppe qui pourrait être une lettre de Lydia. Rien. Je suis allé dormir chez Lydia.

Revenu chez moi. Après l'impression de bien-être qui inaugure habituellement mes retours, je sens dans ma bouche un goût amer qui me retire cette fois tout plaisir d'être rentré.

Que faire à présent ? Allen a peut-être une idée. Sans lui, je me sens tout à coup comme perdu au milieu d'une autoroute. Les parents et les amis de Lydia vont avoir besoin de temps avant de se remettre du choc et d'accepter les circonstances étranges de sa disparition : ils ne me seront donc d'aucune aide. Mes achats au Maroc ont tellement bien roulé que les affaires risquent d'être plutôt bonnes : ça me laissera

CHEZ ACTION PHOTOS
654 – 7211
$10/DÉVELOP- ROULEAU
ET PLANCHES-CONTACT
(PAREIL POUR LES 120
EKTACHROMES)

CHEZ MARSDEN
627-9212
$10-50/DÉV. ET CONTACTS
(DANS LA JOURNÉE)

CONTACT PHOTO (FACTURE)
777-2154
$9.25/ROULEAU

$9-25

MIDI

donc plus de temps que prévu. Je vais pouvoir ainsi m'occuper davantage de toute cette affaire. Mais comment ? Par où commencer ? Car enfin, les faits sont là : une femme disparaît au Maroc et son ex-petit ami revient bien tranquillement au bercail, pétant de santé ! Que saurais-je de plus ici que je ne pourrais découvrir sur place ? Voilà un peu de l'enthousiasme d'Allen qui m'envahit. Un peu tard.

5 juin
J'ai les films et ça ne m'a pas coûté si cher. Ils sont tous en noir et blanc à l'exception d'une série de diapositives. Je rapporte donc plus de vingt-cinq planches de contact.

6 juin
Fait plein de choses hier. Après avoir été chercher les planches de contact, j'ai envoyé des photos de Lydia au consulat de Rabat et à la police de Marrakech. Maintenant je peux examiner les contacts. J'aurais dû attendre un peu pour donner des portraits de Lydia plus récents. Quelqu'un l'a prise en photo là-bas, avec son appareil. Mais qui ?

J'ai passé une bonne partie de la journée à classer chronologiquement les planches de contact et à choisir les photos à faire tirer pour en envoyer à diverses personnes. Je ne suis pas sûr de pouvoir mettre les noms exacts sous tous ces portraits, mais ce sera peut-être amusant pour ces personnes de recevoir des photos de gens qui leur sont complètement inconnus – une sorte de « chaîne » photographique : « Envoyez à votre tour cette photo à la personne en bout de liste et après trois mois vous recevrez la vôtre !.. »

La vie quotidienne reprend le dessus. Ça m'aide à ne pas trop penser à toutes ces photos qui représentent ce qu'on pourrait raisonnablement appeler un certain bonheur. Moi qui ne suis pourtant pas un grand sentimental, revoir les endroits que nous avons aimés tous les deux me chavire le cœur. Elle a photographié les chambres d'hôtel où nous sommes descendus, le personnel des restaurants et des auberges qu'on a connus entre Londres et Marrakech, les jardins où nous avons traîné pendant des heures, et puis surtout les sites et les panoramas qui, contre toute attente, ne sont presque jamais mentionnés dans son journal. Curieux, ça. Oui, curieux de constater à quel point elle ne décrit que très rarement les endroits que nous avons visités, un peu comme si les journées s'étaient justement passées à éviter tous les sites touristiques !

Les photos m'ont rassuré, même s'il n'en est pas fait état dans le journal. Je m'aperçois que nous avions des journées bien remplies.

7 juin
J'ai terminé la liste de ceux qui attendent les photos promises par Lydia. Une trentaine d'adresses au total. J'imagine ce que cela aurait été au bout de six mois de périple ! En face des noms, j'ai mis le numéro de la planche de contact et dans la troisième colonne, le numéro du négatif.

Il y a beaucoup de clichés que je n'arrive pas à situer. Lydia les avait pris lors de ses balades en solo. J'ai aussi trouvé des photos de sa fameuse main prétendument recouverte d'un tatouage. Moi, je ne vois rien qui ressemblerait à un tatouage.

ROULEAU N°1
~~CHAUFFEUR DE TAXI~~
~~ANNIE SIMPSON~~
~~– PAS D'ADRESSE –~~

ROULEAU N° ? – PAS NUMÉROTÉ
CIRCUIT DEPUIS LONDRES
CHAUFFEUR DU CAR –

MARIAN / LEWIS
PETTIGREW ✓
CHAUFFEUR DE BUS –
MARCEL CONTI ✓
. DEMANDER REÇU

AHMED ABD EL SALAM
– ROULEAU N°2 ✓
HÔTEL KASBA

GARDIEN ÉGLISE ANGLICANE } Rouleau N°4
– NOM DE FAMILLE ?

ROULEAU N°6 –
SOUAL BEN AARBA ✓

ROULEAU N°8 MOH. BOUTAIB ✓

MOHAN / RABAI
NOM DE FAMILLE ?? => ?
ADRESSE
BAB EL ~~FTOUH~~ ?

BON SANG. JE NE FAIS QUE COMMENCER !

9 juin

J'ai sélectionné les négatifs qui doivent être tirés et je me suis rendu de bonne heure ce matin au laboratoire. Une cinquantaine en tout – trente pour satisfaire les amis de rencontre et une vingtaine représentant Lydia, sa main et les endroits que nous avons visités. J'ai retenu mon souffle lorsque j'ai vu les tirages de la main de Lydia, mais finalement rien qui me fasse penser à un mystérieux tatouage. J'ai demandé des agrandissements, on ne sait jamais. Dommage qu'elle n'ai pas pris ce fameux « Layesh », j'aurais pu envoyer les clichés à Abderrahman pour savoir s'il existait ou non une ressemblance.

10 juin

Je me suis rendu compte hier soir que j'ai été tellement absorbé depuis mon retour par les visites, les tirages photo et tout le tralala que je n'ai même pas entièrement déballé mes (nos) affaires. Je viens aussi de m'apercevoir que dans l'appareil photo de Lydia il restait encore une pellicule. Je suis donc retourné au labo, j'ai retiré les agrandissements que

KONICA INFRARED 750

j'avais commandés et déposé cette dernière pellicule. Peut-être contient-elle des informations intéressantes, qui sait ?

Les agrandissements ne montrent rien de plus concernant les « marques » sur la main que, pourtant, Lydia semble avoir pris grand soin de photographier. Je remarque même que, pour un cliché, quelqu'un a dû l'aider ! J'ai emprunté une superbe loupe au type du labo pour analyser de plus près les photos. J'ai même demandé au gars de vérifier sur les négatifs s'il n'y avait pas des choses qui seraient trop difficiles à voir sur des tirages. Il n'a rien trouvé de plus. Mais bon Dieu, qu'est-ce qu'elle pouvait bien voir, elle ?

Un peu plus tard
Je reviens d'une visite chez ses parents. Je leur ai montré les épreuves pour essayer de maintenir le contact et leur intérêt. J'avais une folle envie de m'en tenir là afin d'éviter toutes les questions. Mais ils ont regardé les photos et ont simplement demandé : « Une autre main ? Pourquoi ? Pourquoi toutes ces mains ? » Ils avaient déjà oublié que cette histoire de main était au centre de l'énigme. Si seulement Lydia avait eu la bonne idée de dessiner la carte qu'elle disait voir sur son bras, j'aurais peut-être compris plus de choses.

11 juin
Passé une nuit épouvantable. Insomnie tenace. Repensé sans arrêt à ces dernières semaines au Maroc. Me suis retourné pendant des heures dans mon lit en laissant tournoyer dans ma tête des flots d'images : je déambulais dans les ruelles sans fin des souks, écrasé par la foule,

obsédé par tous ces visages souriants que Lydia a pris en photo. Je n'arrivais pas à voir au-dessus des têtes qui se bousculaient. Je ne pouvais pas regarder où je mettais les pieds et je redoutais sans cesse de me cogner contre quelqu'un. Je ne pouvais l'apercevoir que de loin, emportée par une foule dense et houleuse. Des gens se tournaient vers moi et me demandaient quand j'allais leur envoyer leur photo. Quand je les regardais à mon tour, leurs visages devenaient tous celui de Lydia, puis s'évanouissaient. D'autres encore venaient plaquer leurs mains sur mon visage. À un moment, un vieil homme s'approcha de moi en agitant sa main sous mes yeux : « C'est à ça que ressemble une carte ! » me hurla-t-il. Moi, je ne voyais rien du tout. Je me débattais, j'essayais de m'extirper de ce cauchemar, mais mon inquiétude à propos de Lydia et des photos m'obligeait à rêver encore. Je me souviens de m'être ordonné à moi-même de cesser ce manège, mais les images se sont remises à défiler depuis le début et m'ont entraîné de nouveau dans les méandres des souks, malmené par la foule, à la recherche de Lydia.

Midi
Je reviens avec la dernière planche contact. Ce sont des photos de Djemaa el-Fna, du serveur de l'établissement qui donne sur le square, de quelques touristes dans la pénombre du café, de livres sur une table. Lydia s'est arrangée pour prendre aussi son bras. Cela doit être juste avant qu'elle ne disparaisse. Encore une fois, je ne vois rien de particulier. Dieu sait si je préférerais le contraire à présent, mais de toute évidence, il n'y a rien. Je n'en peux plus.

12 juin

Je ne compte pas le nombre de fois où j'ai lu et relu le journal en recollant les photos à l'intérieur là où il y avait des espaces vides, et où j'ai scruté chacun des clichés sur les planches contact. Je retourne encore au labo – décidément ça va devenir mon annexe ! – pour les tirages de la dernière pellicule. En parlant d'annexe, je vais essayer de rester dans l'appartement de Lydia plusieurs nuits de suite. Je ne me sens pas le courage de rentrer chez moi, en tout cas pas après ce cauchemar épouvantable. J'ai épluché en long et en large le vieux *Guide bleu* que Lydia avait trouvé dans la chambre à Tanger. J'y ai découvert une note – rédigée par elle ? – scotchée sur un plan de Fès où le fameux boulevard du Quatrième-

Tirailleurs a été entouré d'un cercle.

Je suis sûr à présent que Lydia avait toujours su que nous irions au Maroc. J'en fus même convaincu lorsque nous avons acheté les tickets du ferry pour Tanger. Avant, c'est-à-dire jusqu'à Algésiras, j'avais eu l'impression que nous aurions pu choisir n'importe quelle autre direction – le Portugal, traverser l'Espagne, suivre les côtes françaises ou s'embarquer pour les îles Canaries. Mais Lydia en avait décidé autrement.
Sur une autre page du *Guide bleu,* j'ai découvert, soulignés au stylo, des horaires de trains reliant certaines villes, notamment Marrakech à Fès. Si c'est elle qui a fait ça, à quoi cela aurait-il pu lui servir ? – les horaires dataient de 1943 !

13 juin
Déjeuné avec un éventuel nouveau client. Il m'a demandé si je comptais repartir bientôt pour l'Afrique du Nord. Durant notre entretien, j'ai établi une liste d'achats suffisamment longue pour me donner d'excellentes raisons d'y retourner. Consulté deux livres d'histoire sur le Maroc à la bibliothèque. Depuis combien de temps n'avais-je pas mis le nez dans ce genre d'ouvrage ? Je riais tout seul – depuis l'université !

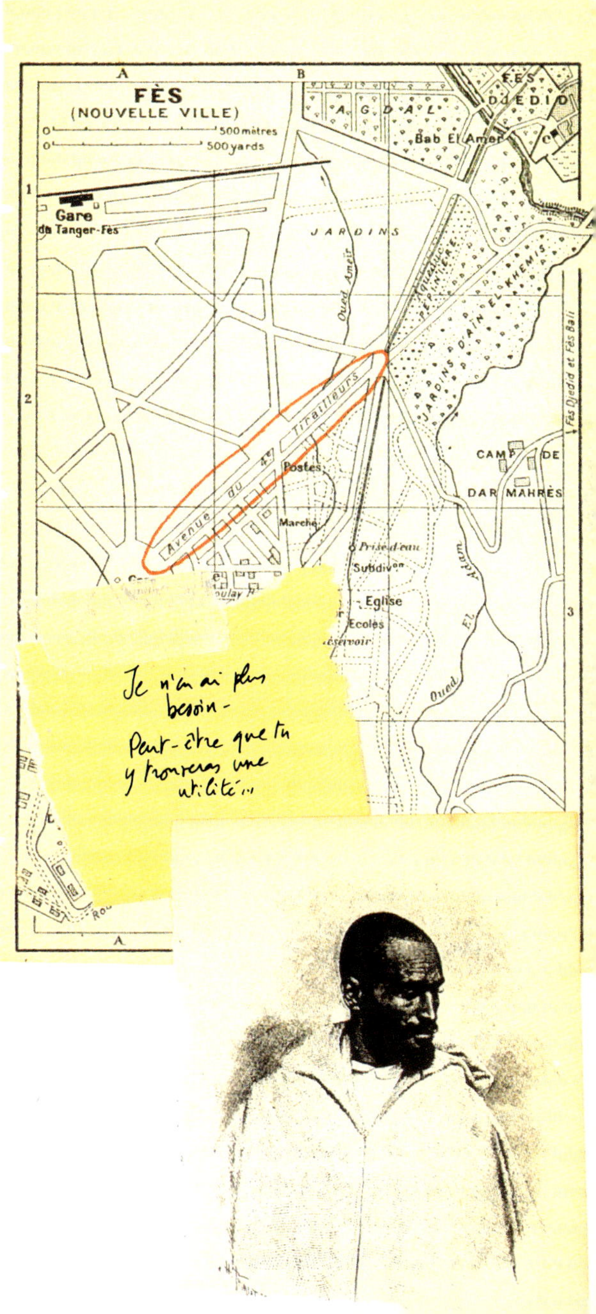

ROULEAU N°5 - JARDIN DU MUSÉE FORBES

14 juin
Ai rapporté ce matin les photos. Encore des mains, et seulement des mains – et bien sûr pas de marques ou de cartes. Je perds mon temps à prendre cette femme au sérieux.

Un peu plus tard
Mes journées se déroulent dans une impuissance redoutable. Mais je bouquine du matin au soir. On n'avait jamais vu ça. Mais qu'ai-je donc à faire de la généalogie des sultans ? C'est insensé.

16 juin
Depuis deux jours, je n'ai pas levé les yeux de mes bouquins. J'ai terminé deux ouvrages historiques et un récit de voyage que j'avais empruntés hier. Il faut le reconnaître, c'est très intéressant. M'est avis que j'aurai rapidement éclusé tout le rayon « Afrique du Nord » de la bibliothèque. Le frère de Lydia m'a suggéré d'aller voir du côté de la bibliothèque universitaire. Je me souviens d'ailleurs que c'est là qu'elle allait le plus souvent.

17 juin
Je reviens du campus. Quel trou ! Pas moyen de faire un pas sans se cogner la tête contre un de ces lumignons faiblards qui pendouillent des plafonds horriblement bas de ces locaux surannés. Quant à l'inscription à la bibliothèque pour les non-étudiants, elle m'a coûté pas moins de 95 dollars et n'est valable que jusqu'en septembre ! Suis

DOUGLAS PORCH
LA CONQUÊTE DU MAROC
PAS SUR LE CATALOGUE

GAVIN MAXWELL
LES SEIGNEURS DE L'ATLAS
(FICHTRE ! LYDIA AVAIT EMBARQUÉ LE BOUQUIN AVEC ELLE AU MAROC !)
$25.00 SORTIE (MAX.)
$15.00 FRAIS ADM.
$29.95 FRAIS DE REMPLACEMENT
$69.95

ELIAS CANETTI
LES VOIX DE MARRAKECH
DT 329 M3 C313 1978

resté là une demi-heure, juste le temps d'éternuer quinze fois à cause de la poussière et d'attraper une belle migraine. J'ai quand même pu sortir quelques ouvrages, des récits de voyage et deux livres sur l'architecture mauresque.

18 juin
Dîné hier soir avec les parents de Lydia. Ils voulaient savoir si j'allais retourner là-bas. Il n'y a aucune raison à cela, sauf si j'apprends quelque chose de nouveau. Le père de Lydia a appelé plusieurs fois le consulat à Rabat pour se plaindre de ce que personne ne faisait quoi que ce soit. Je crois qu'ils ont essayé de le convaincre, comme j'ai tenté de le faire moi-même, qu'il était inutile pour lui d'aller là-bas. L'impuissance nous rend dingues. Les autorités nous disent d'attendre et de ne pas nous lancer seuls dans des recherches intempestives. Est-ce que tous les gens qui connaissent le même drame restent là, assis à ne rien faire en attendant que le disparu tombe du ciel ? Parfois, je me dis qu'il vaudrait peut-être mieux qu'elle soit morte ; on serait tous libérés de cette angoisse et de ces lourdes chaînes qui nous lient à elle.

J'ai montré pour la première fois aux parents de Lydia l'ensemble des photos. J'ai passé une soirée interminable, sans compter les discussions pour empêcher le père de partir pour le Maroc, le dîner, les explications en tous genres. Et encore ! Je n'ai pas fait tirer tous les négatifs. J'ai déjà envoyé une floppée de photos aux amis de Lydia, mais, par égard pour ses parents, j'ai tenté de situer l'endroit où toutes les photos restantes avaient été prises. Je crains fort d'avoir fait des erreurs, mais personne ne s'en est aperçu. J'aurais d'ailleurs pu dire n'importe quoi, ça aurait été pareil. Mais, pour la première fois, j'ai senti que j'avais à cœur de ne pas leur raconter de salades. Quand j'avais du mal à identifier un lieu, j'éprouvais une sorte de pincement au cœur, comme si Lydia était en train de désapprouver le fait que j'avais été trop inattentif ou insouciant.

FES - SANS DOUTE DEPUIS LA PORTE DE LA MÉDERSA BOU INANIA - ROULEAU 18

~~*~~ VOIR AUSSI ATLAS
DT 305 A74 1965

PAUL ~~RABINOW~~

- VINCENT GRAPANZANO
TUHAMI : PORTRAIT D'UN MAROCAIN
GN 649 M65 C7 1980

19 juin
Suis retourné ce matin à la bibliothèque pour rendre les livres et en emprunter tout un stock. Je commence à me faire à cet endroit. L'odeur des bouquins, malgré cette poussière infernale qui me fait éternuer sans arrêt, me ramène étrangement des années en arrière. L'espace entre les rayons est si étroit qu'on ne peut pas passer à deux ; mais ça n'a aucune importance puisque dans les secteurs où je sévis il n'y a jamais personne. Dans ces ailes annexes à la grande salle règne une tranquillité qui me convient parfaitement. Je peux laisser vagabonder mon esprit tout à loisir et imaginer Lydia assise comme moi par terre sur le linoléum en train de feuilleter les mêmes ouvrages sans être dérangée par les grincements des échelles roulantes qui vont et viennent d'un bout à l'autre des rayonnages. Je l'imagine posant un orteil sur l'étagère la plus basse pour atteindre celle des lourdes encyclopédies, ou redressant la tête pour saisir ce que murmure un lecteur assis un peu plus loin. De temps à autre, j'entends quelqu'un qui s'avance dans la galerie où je me trouve, mais

RAMPE D'ESCALIER DE L'EXCELSIOR – PRIS DEPUIS
LE PALIER DU PREMIER ÉTAGE => ROULEAU N°25

je ne m'aperçois de sa présence que lorsqu'il est passé. Il faut dire qu'il fait tellement sombre ici ! J'entends l'écho des pas, un crayon qui tombe sur le sol et c'est tout. J'éprouve l'étrange sensation de n'être venu ici que dans l'espoir, irréel, de rencontrer Lydia. Je lève la tête, comme aux aguets, chaque fois qu'une ombre passe et j'ai aussitôt envie de crier : « Lydia, je suis là ! Regarde ce que j'ai déniché… »
Lydia a passé tellement de temps dans ces lieux, et dire que je ne comprenais pas pourquoi ! Ca me paraît incroyable aujourd'hui de n'avoir pas eu la moindre idée de la façon dont elle s'occupait. Nous n'avions certes pas beaucoup d'activités en commun et nous n'avons pas vécu longtemps ensemble, mais tout de même ! Étrange aussi de penser que la seule personne avec qui on peut voyager est celle avec laquelle justement on ne peut pas vivre ! Je crois que lors de nos escapades, nous laissions de côté tout ce qui aurait pu nous éloigner l'un de l'autre, comme mon indifférence pour ses collections idiotes. Elle, de son côté, détestait ma manie de l'ordre et mon goût pour les choses précieuses. Mais on ne faisait plus état de tout cela dans nos pérégrinations. Quand on voyage, on n'emporte pas des boulets dans ses bagages.

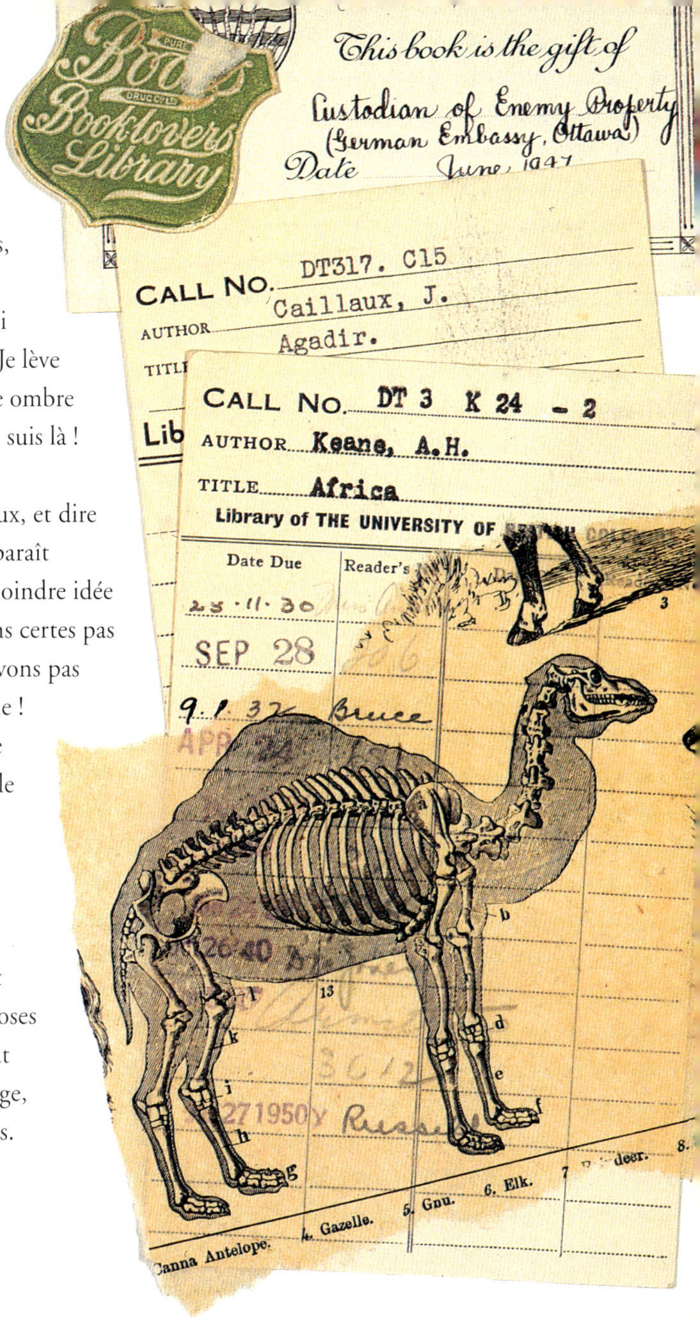

RUE DANS FÈS
OU PLUTÔT IMPASSE DANS
FÈS – ROULEAU N°12

☐ DAVID WOOLMAN
LES REBELLES DU RIF
DT 324 W6 1968

● ABUN-NASR, J-M-
HISTOIRE DU MAHGREB
DT 194 A63 1971

△ GÉOGRAPHIE UNIVERSELLE
–1er ÉTAGE

= ERNEST GELLNER
SOCIÉTÉ DU MUSÉUM
BP 163 G44 1981

Je me demande si elle me connaissait vraiment, ou bien si elle considérait que cela n'en valait pas la peine.

Je remarque combien j'ai perdu aujourd'hui toute notion du temps. J'ai rassemblé et étudié tous les bouts de papiers que Lydia avait laissés traîner dans son appartement, par exemple les notes que lui inspiraient ses lectures. À la bibliothèque je me suis dirigé tout de suite vers la section « Histoire », qui semble avoir particulièrement intéressé Lydia. J'ai pris deux volumes, deux mines d'informations historiques, géographiques, économiques et sociales. On y trouve relatés pêle-mêle des événements du passé et des récits de voyages à différentes époques. Dans ce département on trouve aussi plein de documents concernant l'Algérie, le Maroc et la Tunisie. Un peu plus loin, je suis tombé sur l'Égypte, puis sur l'Afrique noire. La plupart des ouvrages datent du XIXe siècle et sont illustrés de jolies gravures protégées par une feuille de vélin. Le bord des pages est un peu brûlé et jauni. On a l'impression que le seul fait d'ouvrir ces livres risque de les détériorer à tout jamais. Certains n'ont cependant jamais été ouverts, cela se voit. J'ai choisi deux d'entre eux dont je serai probablement le tout premier lecteur.

J'ai également consulté un certain nombre d'ouvrages portant des étiquettes à l'intérieur. Des noms et des dessins rappelaient mélancoliquement que ces livres avaient appartenu à des gens qui les

chérissaient, et qu'ils n'avaient pas toujours été oubliés sur des rayons poussiérieux.

Je vérifiai les dates d'édition afin de m'assurer que les livres que j'empruntais correspondaient bien à ceux indiqués sur la liste de Lydia. J'en empilai ainsi une bonne vingtaine que j'emportai jusqu'à une table où je m'installai pour commencer mes recherches.

La bibliothèque était plongée dans un silence religieux. Personne d'autre que moi dans le département « Histoire de l'Afrique du Nord ». Quand j'ai regardé ma montre, j'ai été surpris de constater que j'y avais passé cinq heures d'affilée. Lydia avait décrit son tatouage comme une sorte de carte avec des caractéristiques géographiques précises. Je ne sais pas comment m'arranger de cela, à moins de voir moi-même cette carte. Mais elle a aussi mentionné des yeux et des mains. Elle a expliqué qu'elle pensait qu'il s'agissait de protections contre le mauvais sort – je suppose qu'elle a piqué ça dans ses lectures. Je suis tombé sur un passage qui parle de phénomènes étranges. Des

ROM LANDAU
MAROC : MARRAKECH, FÈS, RABBAT-
NK 1270 L3 1967

CASBAHS DU SUD-MAROCAIN
DT 310.2 L3 1969

LEO AFRICANUS
HISTOIRE ET DESCRIPTION DE L'AFRIQUE
PAS AU CATALOGUE.

ERNEST GELLNER
LES SAINTS DE L'ATLAS

E. WESTERMARCK
RITUELS ET CROYANCES
PN ?

ALEV L. CROUTIER
HAREM : LE MONDE DERRIÈRE LE VOILE
HQ 1170 C84 1989

UNE RUE DES SOUKS DE MARRAKECH
ROULEAU N°28
PAS NOTÉ

ON TROUVE DE DRÔLES DE TRUCS DANS LES LIVRES DE BIBLIOTHÈQUE !

histoires de spectre en quelque sorte. Si l'on en croit certains récits, autrefois les Marocains ne se déplaçaient jamais sans protection contre le mal ou le mauvais œil, surtout les femmes et les enfants qui portaient sur eux des tatouages représentant souvent des mains et des yeux ; les portes et les murs des maisons étaient également recouverts de mains peintes ou tracées avec de la glaise. Lydia a d'ailleurs pris une photo d'un de ces murs décorés de cette manière.

20 juin
Suis retourné aujourd'hui à la bibliothèque. C'est incroyable le nombre d'ouvrages qui recèlent, intercalés entre leurs pages, des bouts de papier intéressants. Dans un annuaire de Casablanca datant de 1928 j'ai découvert, par exemple, la carte de visite d'un homme d'affaires. Je commence à comprendre pourquoi Lydia aimait tant fouiller là-dedans. J'ai un moment eu l'envie de conserver cette carte, mais je l'ai finalement remise où je l'avais trouvée. J'ai tout de même noté le titre du livre, on ne sait jamais… C'est tentant de garder tous ces documents, car imaginez que vous déchiriez une page dans un livre : au bout d'un certain temps, cette page manquante fera partie de l'histoire même du livre, un témoin qui désignera la personne ayant jadis consulté le livre et subtilisé cette page. C'est aussi un peu le dilemme auquel on se trouve confronté en tenant un journal.

MAINS SUR LE MUR
VÉRIFIER LE N° DU ROULEAU

PAUL BOWLES
- TROP LOIN DE CHEZ-SOI
PS 3503 086 1993
- DES MOTS MAL VENUS
PS 3503
- LES CINQ YEUX, PAR
ABDESLAM BOULAICH
PJ 8296 F44

TIRÉ DU ROULEAU N°28 - SANS PRÉCISION - UNE MÉDERSA ?
LA MÉDERSA BEN YOUSSEF ?

Plus tard dans l'après-midi
J'ai embarqué une tonne de bouquins que j'ai rapportés à la maison – chez moi cette fois, mes cauchemars ayant cessé. Tous ces ouvrages proviennent de départements différents : histoire, littérature, géographie, linguistique, etc. J'ai donné une priorité à ceux qui ont été empruntés vers le mois de mars ; ainsi, j'aurai peut-être la chance de lire des ouvrages que Lydia aurait pu consulter juste avant notre départ. C'est curieux, mais tous ces livres semblent avoir perdu de leur magie à présent qu'ils sont empilés dans mon appartement. Je n'ai plus la même envie de les feuilleter à toute allure comme dans la bibliothèque. Il faut dire qu'ici je suis distrait par mille choses. Je les rapporterai donc demain et j'essaierai de les étudier sur place. Ce sera mieux.

21 juin
Ai passé la journée dans les langues avec un dictionnaire arabe-anglais datant de 1918, dont une page manque. Je me souviens très bien avoir vu Lydia avec ce livre entre les mains. Elle a payé deux dollars et c'était fin mars. Je doute que ce soit elle qui ait déchiré la page – elle accumule, mais elle ne saccage pas. La page démarrait aux mots arabes commençant par *ha*. C'est le seul exemplaire ici et on dirait que c'est un ouvrage assez rare. La couverture en cuir mince

RUE À TANGER - ROULEAU N°2 - VIEILLE VILLE PRÈS DE L'HÔTEL.

est fendue par le milieu au niveau du dos. Le bord des pages, genre pelure d'oignon très fine, a des taches d'encre ancienne. C'est vraiment un livre magnifique. J'essaierai de trouver les mots manquants dans un autre dictionnaire.

Fin d'après-midi
J'ai consulté toute une série de dictionnaires d'arabe – et on dirait que le même vandale a exercé sa névrose un peu partout, car ce sont exactement les mêmes groupes de mots qui manquent dans chacun d'eux. Il faudra que j'aille vérifier ça en librairie : ils ont sûrement des dictionnaires du même genre. J'ai trouvé par ailleurs un grand nombre de récits de voyages sur le Maroc et l'Afrique du Nord. J'y passe nettement plus de temps car je me laisse volontiers emporter par de passionnantes histoires. J'ai presque fini de lire la pile d'ouvrages que j'ai rapportés aujourd'hui. J'ai pris des notes à n'en plus finir, dont des listes bibliographiques pour de futures lectures sur le folklore, le roman, etc. J'ai glissé dans une enveloppe tous les petits bouts de papier que j'ai découverts ici et là entre deux pages et j'y ai ajouté le nom de l'ouvrage d'où ils proviennent, ainsi que le numéro

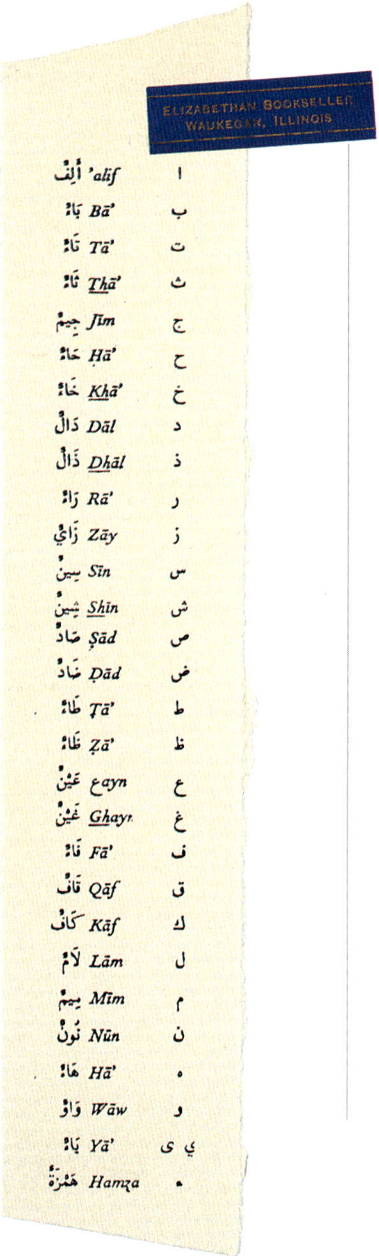

de la page où ils se trouvaient. Ainsi, quand j'aurai rendu les livres, je garderai quand même des références. Évidemment, ces petites découvertes discrètement conservées par-devers moi me mettent pas un peu mal à l'aise, mais elles sont devenues une sorte d'obsession dont je ne peux plus me défaire.

Je ne comprends toujours pas pourquoi je me sens de mieux en mieux dans ce blockhaus qui tient lieu de bibliothèque. Debout, je me frotte constamment le crâne aux tubes de néon du plafond. L'éclairage est tellement aléatoire que dans certains secteurs il fait noir même en plein midi. J'ai les doigts en compote à force d'avoir tourné des pages et des pages et les narines enflammées tellement j'éternue à cause de toute cette poussière. Et je n'ai encore rien trouvé !

22 juin
Dois rester chez moi aujourd'hui pour recevoir des clients, bien que la perspective de devoir repartir au bout du monde pour leur rapporter des merveilles me fatigue d'avance. Ces gens pensent, bien évidemment, que rien ne saurait m'arrêter. Ils ne savent pas qu'une bonne partie de mon enthousiasme provenait de Lydia. Je pense qu'elle-même l'ignorait. Mais il va bien falloir envisager l'avenir. Si je cesse cette activité, que vais-je faire d'autre ? Ce qu'on appelle un « vrai » métier ? Ah ! Bien sûr, il me reste toujours la possibilité de vendre toute ma collection d'œuvres d'art.

Plus tard dans la journée
Mes cheveux se dressent sur ma tête. Je viens en effet de lire le récit

d'un type qui a visité Fès dans les années quarante. Il raconte notamment qu'il a rencontré un musulman, un patron de café, qui rentrait de son pèlerinage de La Mecque. Cet homme a dit à notre voyageur que peu de temps après son arrivée sur les lieux saints, il avait remarqué sur son bras comme un mystérieux tatouage qu'il avait interprété, après mûre réflexion, comme l'histoire de sa vie. Le dessin représentait, selon l'auteur, une carte géographique qui commençait au niveau du poignet et grimpait le long du bras. Le patron du café, toujours d'après l'auteur, n'avait rien révélé à sa famille, mais avait prétendu qu'il se l'était fait faire au cours de son périple. Pour ces gens, c'était quelque chose d'assez honteux.

L'auteur avoue avoir été très impressionné par cette histoire qui occupe plusieurs pages dans son chapitre sur Fès et se termine sur un itinéraire pour quitter Fès et suivre la fameuse carte. Il semblerait que cette carte l'ait propulsé au-delà de sa propre existence et lui ait indiqué pour ainsi dire un nouvel avenir ! Le patron du café, dont le nom n'est pas mentionné, avait beaucoup insisté, nous dit l'auteur, pour lui faire comprendre qu'il ne s'agissait pas de religion ; s'il était musulman pratiquant, il n'en demeurait pas moins un citoyen du monde. Il ne

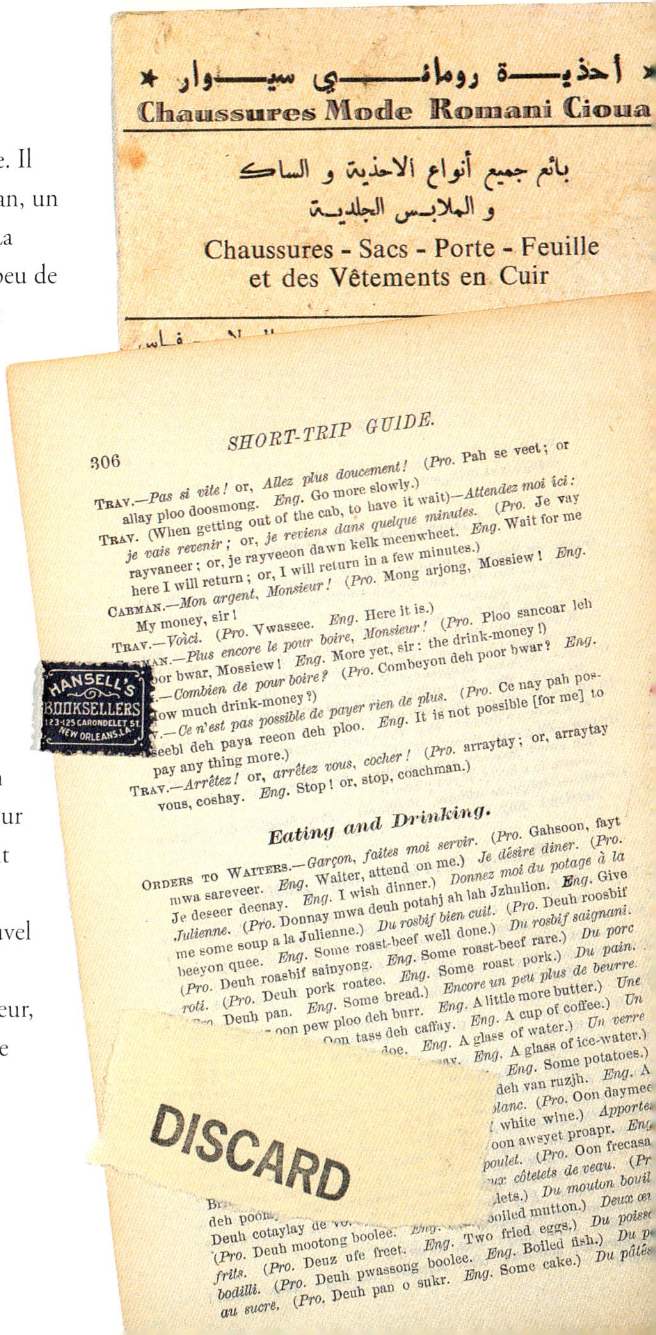

cherchait pas particulièrement à donner un sens extraordinaire à sa vie : avec une famille, un établissement commercial et des amis, sa vie était déjà bien remplie. Non, cette affaire se rapportait davantage à son désir de voir le monde. Et tous ceux qui nourrissent ce désir profond doivent savoir où ils veulent aller. Ceux voient la route s'ouvrir devant eux doivent s'y engager sous peine de laisser passer la seule chance de leur existence.

J'ai relu plusieurs fois ce récit. Il ressemble étrangement à celui de Lydia. J'ai pris le classeur où j'avais glissé toutes les photos de Lydia et recherchai celles de son bras : *UNE CARTE ÉTAIT APPARUE SUR CHACUNE DES PHOTOS* ! J'en ai la chair de poule. Comment se fait-il que je peux les voir à présent ? Aurais-je des hallucinations ? A-t-on trafiqué ces photos ?

Calmons-nous et réfléchissons. Oui, la carte, à chaque fois, démarre sur le poignet pour grimper ensuite le long du bras jusqu'au coude. Et dire qu'elle m'a caché cela durant tout notre séjour ! Quand bien même me l'aurait-elle montré, y aurais-je accordé de l'attention ? Attendait-elle de moi que je lui dise quelque chose ? Oui, certainement. Elle l'a même signalé dans son journal : un simple petit commentaire de ma part aurait suffi. Mon mutisme aurait donc provoqué son départ ? Non, ridicule. Craignait-elle que je me moque d'elle alors qu'elle vivait cela comme un événement très important ? En fait, j'avoue que j'aurais certainement regardé ses marques d'un œil distrait. Elle ne devait pas savoir que le tatouage était invisible pour moi, comme pour tout le monde d'ailleurs – sauf pour Layesh. C'est comme si une partie d'elle-même voyageait dans un autre continuum espace-temps.

Malgré tout, pourquoi ne s'est-elle pas confiée à moi ? Elle commentait le phénomène dans son journal, elle le photographiait, et elle savait que jamais je n'aurais mis le nez dans ses écrits intimes. J'ai l'impression que toutes ses notes étaient autant de tentatives de créer une nouvelle réalité, plus intéressante que nos propres existences. À présent, je constate que tandis que la sienne commençait à échapper à tout contrôle, je m'ancrais tous les jours davantage dans la matière et l'inconscience. Comment a-t-elle pu écrire ceci, alors que notre voyage avait à peine commencé : « Nous nous dirigeons vers nulle part, en mettant un pied devant l'autre », ou quelque chose du genre ? Pas étonnant qu'elle ait disparu, en un sens. J'étais bien incapable de saisir la profondeur de la situation. Elle a probablement estimé préférable de poursuivre sans moi. J'ai mis du temps à comprendre cela. Peut-être le temps est-il venu pour moi de mieux l'appréhender… Mais on peut aussi se poser cette question : pourquoi elle ? De tels mystères n'arrivent pas aux gens ordinaires comme nous, qui n'entretenons aucune superstition. Et ce qui s'est produit est-il du domaine du surnaturel, ou bien est-ce quelque chose de tangible ? Peut-être avait-elle un but secret en entreprenant ce voyage, et que le tatouage aura été un épiphénomène inhérent à cet objectif.

Je ne peux m'arracher à la dernière photo prise par Lydia : le tatouage est absolument parfait. C'est étonnant. Je comprends aussi pourquoi elle parlait de lui comme d'une chose répugnante. J'ai du mal à imaginer quelle aurait été ma réaction si cela m'était arrivé. Je crois qu'il me faut retourner au Maroc.

Je dois y retourner.

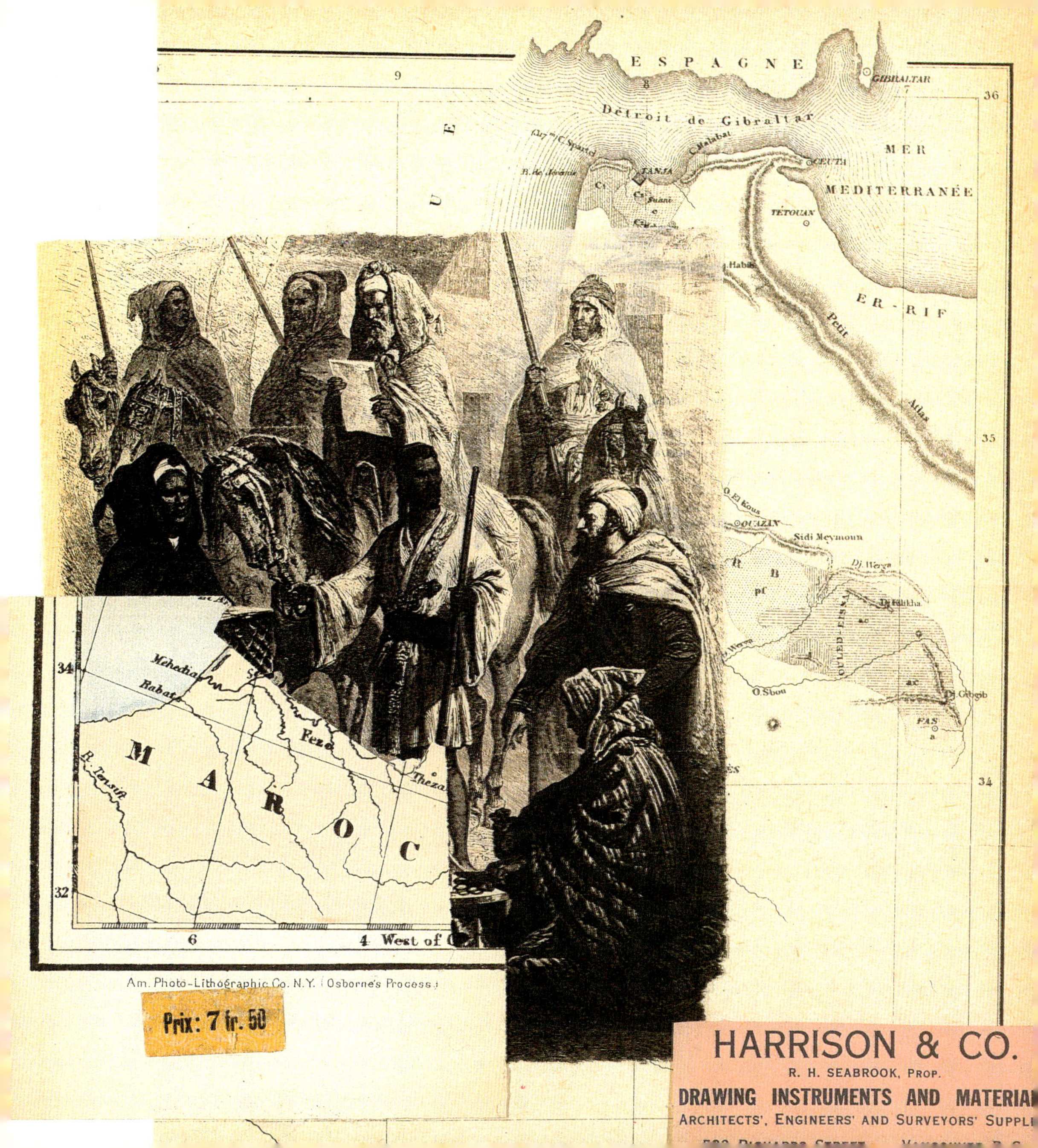
ESPAGNE
GIBRALTAR
Détroit de Gibraltar
MER
MEDITERRANÉE
TANJA
CEUTA
TÉTOUAN
ER-RIF
Petit
Atlas
OUAZAN
Sidi Meymoun
O. Sbou
FAS
OULED-EISSA
Mehedia
Rabat
Feze
Theza
R. Tensift
MAROC
4 West of
Am. Photo-Lithographic Co. N.Y. (Osborne's Process.)
Prix: 7 fr. 50
HARRISON & CO.
R. H. SEABROOK, PROP.
DRAWING INSTRUMENTS AND MATERIAL
ARCHITECTS', ENGINEERS' AND SURVEYORS' SUPPLI

DISCOVERY AND ADVENTURE

IN

AFRICA.

OLIVER AND BOYD, EDINBURGH.

3 juillet. Dans l'avion
Même itinéraire, excepté le fait que, depuis Londres, j'ai pris un avion direct pour Tanger au lieu d'y aller en autocar. Ça aurait coûté moins cher, mais j'ai hâte d'arriver.

5 juillet. Tanger
Même hôtel au Petit-Socco, dans la médina. Le patron ne me reconnaît pas, ou alors c'est qu'il n'a pas envie de me demander des nouvelles de Lydia. Comment Lydia l'appelait déjà ? J'ai oublié.

Je passe la nuit là. Demain, train pour Fès. Pourquoi Fès ? Je ne sais pas. C'est là que Lydia a croisé Layesh et Layesh sera peut-être ma filière pour retrouver Lydia.

Plus tard dans la soirée
Ai demandé au patron la permission de jeter un coup d'œil sur son registre pour vérifier les dates de notre dernier séjour chez lui. Ahmed (ça y est ! c'est ce nom-là), assis derrière son comptoir, a ouvert un large cahier devant moi. Comme il y avait à côté une pile d'autres registres du même genre, je lui ai demandé s'il m'autoriserait à consulter également les années précédentes. Ne comprenant pas bien ma requête, il poussa devant moi celui que je lui avais réclamé et me tourna le dos, apparemment complètement indifférent à ce que je pourrais bien en faire. Habituellement, j'aurais tout abandonné, je n'aurais même pas fait la moindre démarche. Or – c'est confondant – j'ai insisté en sortant tous les mots de français qui pouvaient opportunément me revenir en mémoire, même s'ils n'étaient pas

3ème
DÉP = 5h45
VOL 897
ARR = LONDRES HEATHROW
10h45 – 4ème

4ème
DÉP = 3h15
ARR = TANGER
6h20
VOL 1120

…ours et notes consièrge

Déposer votre clef à la Réception Mérci

العلم

appropriés à la situation ! Ahmed me jeta un regard inexpressif. Je me souvenais très bien de lui en train de discuter avec Lydia – comme avec une sœur longtemps absente – et il le faisait avec beaucoup de chaleur, d'animation et un large sourire. Avec moi, c'était comme s'il parlait à un mur. Mais il revint finalement avec un autre registre qu'il ouvrit à l'année 1960. J'acquiesçai. Puis il en apporta un autre qui démarrait en 1950, puis un dernier datant des années quarante. Je le remerciai vivement en lui disant que j'allais m'installer pour lire celui-là dans un des fauteuils de la réception. Il remporta les autres registres et quitta les lieux discrètement par une porte dérobée ouvrant sur le côté du comptoir.

Je feuilletai à toute allure. Comme je ne découvrais rien, je revins au début et commençai à examiner de près chaque nom. Cela m'a pris du temps, mais j'avais acquis un certain entraînement ! J'étais à présent capable de me concentrer durant des heures sur des listes de mots, les écouter dans ma tête et évaluer s'ils me semblaient familiers. Des gens allaient et venaient ou faisaient retentir la sonnette de la réception. Certains demandaient s'il y avait des chambres libres, d'autres réclamaient leur clé, d'autres enfin venaient simplement faire du raffut et enquiquiner le patron qui somnolait sur une banquette derrière le comptoir.

Certains me tournaient autour et m'observaient, ne sachant si je pouvais leur être d'une quelconque utilité.

Si Lydia avait été là, elle se serait immédiatement levée et aurait entamé la conversation. Moi, j'ai préféré me replonger dans mon registre. Je fais barrière.

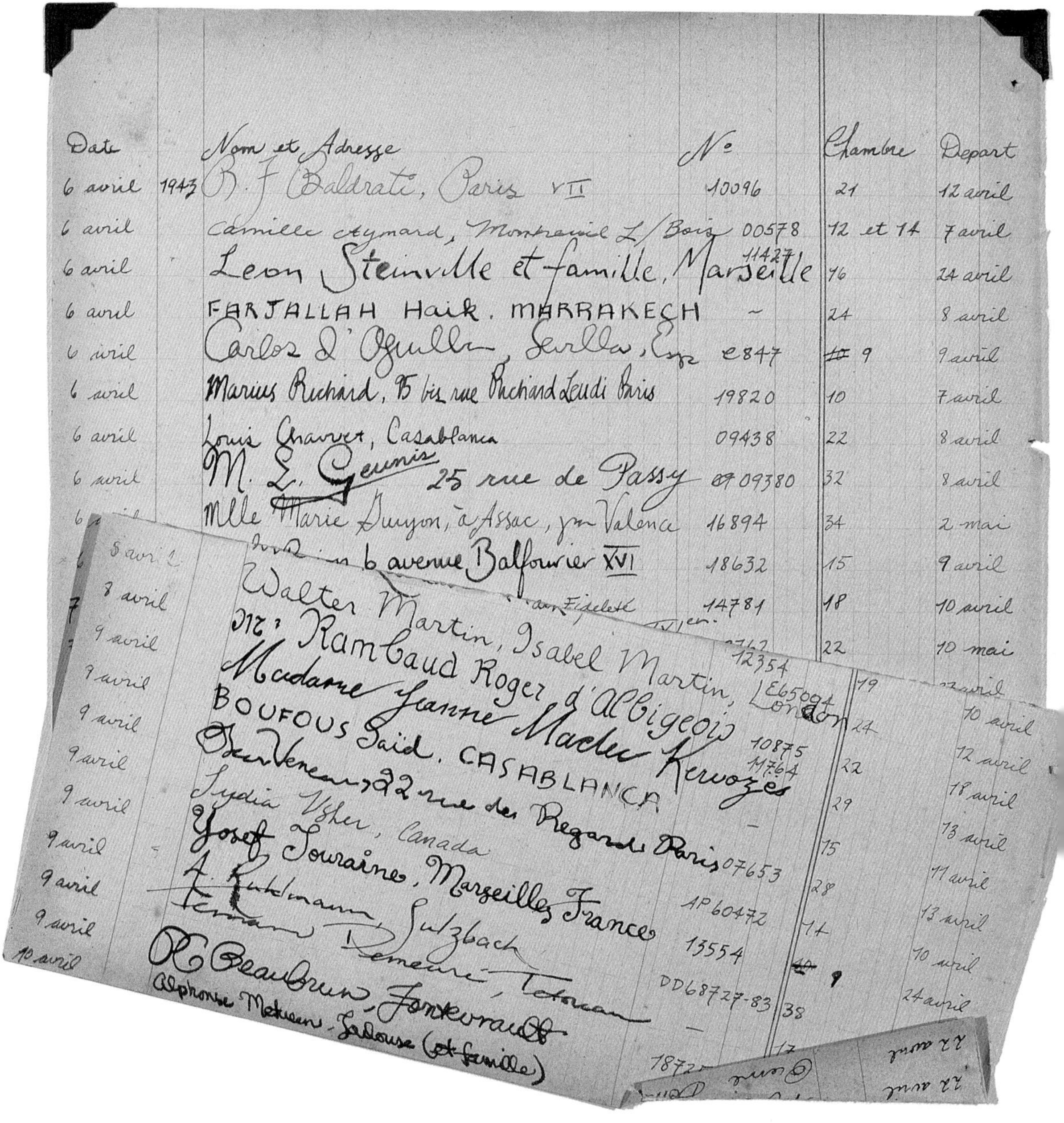

Date		Nom et Adresse	N°	Chambre	Depart
6 avril	1943	R. J. Baldrati, Paris VII	10096	21	12 avril
6 avril		Camille Aymard, Montreuil s/Bois	00578	12 et 14	7 avril
6 avril		Leon Steinville et famille, Marseille	11427	16	24 avril
6 avril		FARJALLAH Haik. MARRAKECH	~	24	8 avril
6 avril		Carlos d'Oguller, Sevilla, Esp.	e847	~~11~~ 9	9 avril
6 avril		Marius Richard, 15 bis rue Richard Lenoir Paris	19820	10	7 avril
6 avril		Louis Chavret, Casablanca	09438	22	8 avril
6 avril		M. L. Gennis 25 rue de Passy	09380	32	8 avril
6 avril		Mlle Marie Guyon, à Assac, par Valence	16894	34	2 mai
		6 avenue Balfourier XVI	18632	15	9 avril
			14781	18	10 avril
				22	10 mai

Date	Nom et Adresse	N°	Chambre	Depart
8 avril	Walter Martin, Isabel Martin, London	12354	19	
8 avril	Mr Rambaud Roger, d'Albigeois	E65094	24	10 avril
9 avril	Madame Jeanne Macler Kervozes	10875	22	12 avril
9 avril	BOUFOUS Saïd. CASABLANCA	11764	29	18 avril
9 avril	Oscar Verneau, 22 rue des Regards Paris	—	15	13 avril
9 avril	Lydia Usher, Canada	07653	28	11 avril
9 avril	Yosef Touraine, Marseilles France	AP60472	14	13 avril
9 avril	A. Kuhlmann Sulzbach	13554	~~10~~ 9	10 avril
9 avril	Fernand Demeure, Toulouse	DD68727-83	38	24 avril
10 avril	R. Beaubrun, Fontevrault	—	17	22 avril
	Alphonse Mathieu, Toulouse (et famille)	1872		22 avril

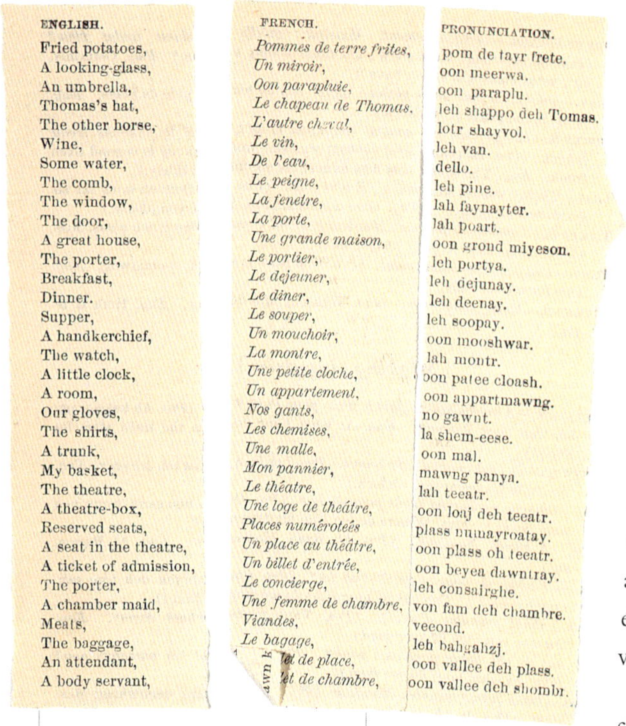

ENGLISH.	FRENCH.	PRONUNCIATION.
Fried potatoes,	*Pommes de terre frites,*	pom de tayr frete.
A looking-glass,	*Un miroir,*	oon meerwa.
An umbrella,	*Oon parapluie,*	oon paraplu.
Thomas's hat,	*Le chapeau de Thomas.*	leh shappo deh Tomas.
The other horse,	*L'autre cheval,*	lotr shayvol.
Wine,	*Le vin,*	leh van.
Some water,	*De l'eau,*	dello.
The comb,	*Le peigne,*	leh pine.
The window,	*La fenetre,*	lah faynayter.
The door,	*La porte,*	lah poart.
A great house,	*Une grande maison,*	oon grond miyeson.
The porter,	*Le portier,*	leh portya.
Breakfast,	*Le dejeuner,*	leh dejunay.
Dinner.	*Le diner,*	leh deenay.
Supper,	*Le souper,*	leh soopay.
A handkerchief,	*Un mouchoir,*	oon mooshwar.
The watch,	*La montre,*	lah montr.
A little clock,	*Une petite cloche,*	oon patee cloash.
A room,	*Un appartement.*	oon appartmawng.
Our gloves,	*Nos gants,*	no gawnt.
The shirts,	*Les chemises,*	la shem-eese.
A trunk,	*Une malle,*	oon mal.
My basket,	*Mon pannier,*	mawng panya.
The theatre,	*Le théatre,*	lah teeatr.
A theatre-box,	*Une loge de theátre,*	oon loaj deh teeatr.
Reserved seats,	*Places numéroteés*	plass numayroatay.
A seat in the theatre,	*Un place au théâtre,*	oon plass oh teeatr.
A ticket of admission,	*Un billet d'entrée,*	oon beyea dawntray.
The porter,	*Le concierge,*	leh consairghe.
A chamber maid,	*Une femme de chambre,*	von fam deh chambre.
Meats,	*Viandes,*	veeond.
The baggage,	*Le bagage,*	leh bahgahzj.
An attendant,	*…et de place,*	oon vallee deh plass.
A body servant,	*…et de chambre,*	oon vallee deh shombr.

Je ne savais pas vraiment ce que je cherchais, mais je l'ai trouvé : en 1943, à la date du 9 avril, le nom de… Lydia (!), écrit de sa main ! L'encre est un peu passée, comme si elle datait vraiment de cette époque. On lui a donné la chambre 14, la même que celle que nous avons occupée il y a trois mois. Je reposai le cahier sur le comptoir et consultai de nouveau le registre actuel. Le patron ronflait tranquillement et je ne l'ai pas dérangé. Je retrouvai la date du 9 avril dernier et… ne trouvai que mon nom sur la liste des voyageurs alors que nous avions signé tous les deux, ça j'en étais sûr ! Je déchirai la page et l'emportai. Je ne vois pas à qui d'autre elle aurait pu servir.

Des gens arrivaient. J'ai vite glissé la feuille dans ma poche et me suis écarté en signalant que le propriétaire de l'hôtel se trouvait derrière la tenture. Ils sonnèrent donc et patientèrent. Après avoir rempli les formalités, je demandai à Ahmed si la chambre 14 était encore libre. Il me répondit quelque chose en français qui devait être un commentaire quelconque sur les clients qui ne sont jamais contents et qui embêtent tout le monde, mais l'essentiel était que la chambre 14 fût libre. Je pris ma clé et transportai mes affaires du second au premier étage.

J'ouvris la porte d'une chambre complètement différente de celle que nous avions habitée ce printemps. Me revoilà dans les lieux. La disposition est la même, mais les meubles sont plus modernes ; avant c'était propre, mais vieillot. Les tomettes ont dû être remplacées car elles ne branlaient plus sous les semelles. Les rideaux ne sont plus troués, les robinets ne gouttent plus, les portes et les fenêtres ferment correctement. Je tirai le couvre-lit en me souvenant de la réflexion de Lydia à propos des draps : ils sont toujours trop courts pour ce lit – mais ceux-là étaient neufs, ou du moins plus récents, pas rapiécés et sans brûlure de cigarette.

J'écris tout ça comme si j'avais accepté que l'insolite pénètre dans ma vie comme une chose naturelle. Mais il y a un truc que je ne peux pas digérer : en ouvrant les tiroirs de l'armoire fraîchement repeinte, je tombai sur un *Guide bleu* de 1943 ! Je me ruai sur ma serviette, déballai tout comme un fou pour en sortir le vieux *Guide bleu* que Lydia avait trouvé et que j'avais rapporté avec moi : il n'y était plus ! Quelqu'un avait dû me le voler pour le glisser dans ce satané tiroir car, de toute évidence, c'était le même !

Ce soir
Je suis dans un café, un de ceux que Lydia et moi aimions fréquenter des heures durant lorsque nous étions à Tanger… et je retrouve cet homme qui l'avait tellement dévisagée, l'homme qui ressemble à Layesh. *C'est bien lui !* Je veux bien être damné ! Il me regarde avec insistance. Mon Dieu, que faire ? Parfois, j'ai l'art de me mortifier : je reviens spécialement au Maroc dans l'espoir de retrouver Lydia, ce type est le fil conducteur indispensable et je reste là, paralysé ! Je ne peux faire le moindre geste.

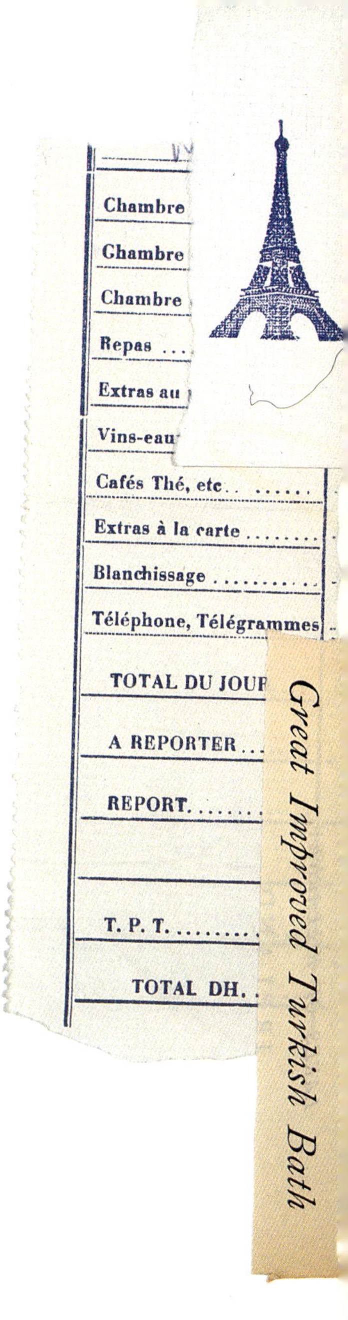

6 juillet
Au réveil, j'ai des cloques sur la main gauche.
Des piqûres de puce, comme Lydia.

Un peu plus tard
Je suis sur la terrasse d'un restaurant juste en bas de la rue de mon hôtel. Je prends mon petit déjeuner et le type qui ressemble à Layesh est encore là. Je vais essayer de le regarder droit dans les yeux, moi aussi.

Plus tard, dans le train pour Fès
Eh bien, lorsque j'ai commencé à dévisager à mon tour l'homme dans le café, il s'est levé et est venu, à mon invitation, s'asseoir à ma table. Je n'en reviens pas d'avoir osé ça – je l'ai effectivement prié de prendre place et c'est ce qu'il a fait !

Il s'est présenté avec la plus grande courtoisie, bien que chacun sût implicitement que c'était une formalité inutile entre nous. D'une voix dure et absente, il me dit qu'il se nommait Layesh Boussalem et qu'il m'attendait pour me remettre un message de Lydia. Dans le même temps, il releva sa manche jusqu'au coude pour me montrer sur un bras aux muscles saillants un tatouage similaire à celui que j'avais vu sur les photos de Lydia, mais beaucoup plus étendu, plus complexe et plus précis.

J'avais le visage en feu, les yeux me brûlaient. Je n'arrivais pas à regarder cet homme ni son bras. Je ne pouvais articuler aucune parole. Puis, l'homme baissa sa manche et me parla tranquillement tandis que je fixais le bout de mes chaussures. De sa main droite il lissait doucement et répétitivement le tissu de sa chemise tout en évoquant la répugnance que Lydia éprouvait à l'idée de me revoir, jusqu'au moment où elle avait appris que j'étais revenu au Maroc. Cette nouvelle tout d'abord m'attrista plus que je ne saurais dire, puis je ressentis un grand soulagement suivi d'un accès de larmes que j'essuyai rapidement du revers de la main. L'homme continuait d'énoncer des phrases dont j'avais du mal à comprendre le sens, il me parla d'arrivée et de départ, de direction et de désorientation, de passé et de présent. Les mots se mirent à danser la gigue dans ma pauvre tête. J'essayai mentalement de les chasser comme on chasse des mouches importunes, mais encore une fois j'étais comme tétanisé par le souffle de cet homme, puissant comme un vent violent et qui sentait l'essence de camphre, et par ce bras énigmatique que je ne pouvais toucher.

À un moment, je crus que Lydia était assise près de nous, me regardant aussi froidement que l'homme le faisait. Mais c'était un leurre. Il n'y avait que lui et sa voix monocorde, lancinante, hypnotique, qui répétait sans cesse le message de Lydia. N'en pouvant plus, je me levai et quittai les lieux, les phrases inachevées s'accrochant longtemps encore à mon dos. Je retournai à mon hôtel. En faisant ma valise, les mêmes mots résonnaient toujours à mes oreilles. J'en eus la

nausée. Ce martèlement obsédant me poursuivit jusqu'à la gare.

Je suis assis dans le train qui m'emmène à Fès, ravi d'être enfin seul, mais j'entends encore en moi la voix de Layesh et le message de Lydia. Car ce que j'ai à cacher au reste du monde est justement ce que je dois montrer à Lydia. Ici, au cœur de ces paysages embrumés qui défilent, de ces odeurs de cuir chaud et de cette poussière omniprésente, se trouve ma raison de revenir au Maroc – de petites lignes hésitantes rouges et bleues qui, sur mon bras, indiquent des pistes et des cours d'eau. Les marques d'un éternel voyageur, le passeport qui me ramènera vers Lydia.

CARTE
DU
VERSANT OCCIDENTAL
DU
MAROC
(MOGHREB-EL-AKSA)
par
PIERRE DESGUIN.
LÉGENDE.
Terrain quaternaire et moderne
pliocène.
miocène.
éocène.
crétacé
supérieur.
inférieur.
jurassique.
Argilite calcarifère
Poudingue ferrugineux
Terrain plutonien.
a
p
m
e
C2
C1
j
ac
pf
MOROCCO
Gibraltar
Ceuta (Span.)
Tetuan (Span.)
Fez
DARSL BEIDA
(Casablanca)
Oum-er-Rbia
AZIMOUR
C. Mazagan
L'AFRIQUE
D'APRÈS LES VOYAGEURS LES PLUS CÉLÈBR
Par un homme de lettres.
DEUXIÈME ÉDITION.
LILLE
L. LEFORT, IMPRIMEUR-LIBRA
1852